LA CONFESSION

D'UNE

JEUNE FILLE

(Par George Sand)

XLII

Je trouvai Jennie, comme on me l'avait annoncé, en conférence avec M. Barthez, lequel, ayant vu le matin même M. Mac-Allan à Toulon, apprenait à Jennie tout ce que je venais lui apprendre.

— Eh bien, ma pauvre enfant, me dit-il en me tendant les mains, la guerre est déclarée! On nous envoie un plénipotentiaire très-poli et très-prudent, mais qui n'en est pas moins très-net et très-ferme. On veut que vous renonciez à tout, et on vous offre, sous le rapport pécuniaire, un sort meilleur...

— Que je n'accepterai jamais! m'écriai-je. Cette

offre est une insulte à la mémoire de mes parents; car ma grand'mère m'a reconnue et ma mère ne m'eût pas désavouée. Je suis leur enfant ou je ne suis rien, et je ne puis dans aucun cas accepter l'aumône.

— Lucienne a raison, dit Jennie en m'embrassant. J'étais sûre qu'elle répondrait comme cela.

— N'allons pas si vite, reprit M. Barthez. Je viens de relire la fameuse preuve, elle m'inspire toute confiance morale, elle ne laisse aucun doute dans mon esprit; mais légalement elle n'est pas d'une valeur incontestable, il ne faut pas se le dissimuler. M. Mac-Allan en connaît depuis longtemps la substance et nous pouvons démasquer nos batteries; mais je doute qu'elles l'effrayent beaucoup.

Jennie serrait dans ses mains un papier plié qu'elle froissait malgré elle. Elle avait l'air plus surpris que consterné. Elle avait toujours foi dans cette preuve; les doutes de M. Barthez n'entraient pas dans son esprit; ils ne pouvaient par conséquent entrer tout à fait dans le mien. Je connaissais le caractère de notre ami, d'autant plus craintif à l'occasion qu'il était confiant à l'habitude. Je m'efforçai de réagir contre lui en moi-même.

Mais le temps pressait; M. Mac-Allan allait arriver. Je lui annonçai sa visite et celle de Frumence en lui demandant si quelqu'un pouvait être compromis dans la lutte où j'allais être engagée.

— Oui, certes, répondit-il, et très-gravement.

— Personne de vivant ! s'écria Jennie avec un accent douloureux qui me frappa.

— Pardonnez-moi, quelqu'un de vivant, répliqua M. Barthez, quelqu'un de très-honorable et dont je vous jure que je ne douterai jamais ; mais les apparences peuvent être invoquées contre...

— Contre qui donc ? m'écriai-je à mon tour. Dites-le, monsieur Barthez, il faut le dire !

M. Barthez me fit de l'œil et de la main un signe rapide. Il désignait Jennie, qui s'était approchée de la fenêtre en entendant venir des cavaliers, et qui ne semblait pas se douter qu'elle pût être mise en cause. Elle se retourna vers M. Barthez en lui demandant avec une impatiente candeur :

— Eh bien, qui donc ?

— Inutile de le dire à présent, lui répondit M. Barthez. Cette pensée ne se présentera peut-être pas à l'esprit de notre adversaire. Le voici qui arrive, n'est-ce pas ? et je dois vous recommander à l'une et à l'autre une excessive prudence. Pas d'inutiles vivacités, pas de résolutions exaltées, aucune précipitation provocante ! Un calme parfait, beaucoup d'aménité, quoi qu'on nous dise, et surtout pour aujourd'hui réservons nos réponses jusqu'après nous être bien consultés ensemble.

M. Mac-Allan entrait avec Frumence dans le parterre. J'allai les recevoir. M. Costel venait à pied derrière eux. On l'attendit, et la conversation, d'abord oiseuse et gênée, alla bientôt droit au fait.

— Avant de vous découvrir nos forces, dit M. Barthez à M. Mac-Allan, nous voudrions bien savoir le motif de la guerre que l'on nous déclare. Je sais, monsieur, que vous prétendez fort gracieusement nous apporter la paix ; mais vos offres courtoises sous-entendent nécessairement une menace, et votre loyauté ne voudra pas nous en laisser ignorer la cause. Je comprendrais jusqu'à un certain point que l'on attaquât le testament qui favorise mademoiselle de Valangis au préjudice de ses frères et sœurs consanguins ; mais qu'on lui conteste son nom, c'est une preuve d'hostilité personnelle que rien ne motive et qui doit nous être révélée.

— C'est pourtant ce que *je ne veux pas* faire maintenant, répondit M. Mac-Allan avec une douceur d'intonation qui n'ôtait rien à la fermeté de sa réponse. S'il y a des motifs d'hostilité, ce que je n'avoue point, je n'en rechercherai avec vous la cause qu'autant que je m'y verrai absolument forcé. Je vous répète, monsieur, que mon rôle est celui de conciliateur, et que je viens ici examiner une situation que je puis, que je veux sauver de part et d'autre, si on m'accorde la confiance que je me fais fort de justifier. J'ai plein pouvoir pour traiter, et je désire traiter. J'ai plein pouvoir aussi pour lutter; peut-être ne m'en servirai-je pas, je l'ignore. Je me suis réservé une liberté entière; peut-être arrivera-t-il un moment où je serai tenté de laisser à d'autres le soin de faire la guerre et où vous désirerez beaucoup que je ne cède ce soin et ce droit à personne. N'employons donc pas d'inutile diplomatie. Laissez-moi voir votre arsenal, et je vous découvrirai le mien. Mademoiselle Lucienne, prenez-moi pour conseil sans préjudice du conseil de M. Barthez. Vous pèserez l'un et l'autre dans une même balance. La vérité de fait vous semblera dans un plateau ou dans l'autre; mais la bonne foi, la loyauté d'intentions sera dans l'un et dans l'autre à poids égal, je vous en réponds.

M. Mac-Allan avait un don de persuasion entraînante. Était-ce une grâce d'état, une faconde d'habitude? Ces airs de probité sûre d'elle-même cachaient-ils une rouerie implacable? Je vis sur la figure de M. Barthez qu'il s'y fiait médiocrement, et sur celle de Jennie qu'elle s'y fiait spontanément. Frumence était attentif et ne laissait rien voir de ses impressions. Quant à M. Mac-Allan, s'il jouait un rôle, il le jouait bien. Il était aussi à l'aise avec nous tous que s'il eût été de la famille, et, s'il y avait de la curiosité dans les regards qu'il jetait sur moi et sur Jennie, il était impossible d'y surprendre la moindre malveillance.

— Finissons-en, dit Jennie en nous offrant des siéges à tous. Je suis sûre que monsieur cherche la vérité, et que la vérité le frappera. Puisque c'est à moi de la dire, je la dirai. Qu'on lise d'abord l'histoire telle qu'elle est arrivée, et, si j'ai omis quelque chose, on me questionnera ensuite, je répondrai.

Elle dépliait déjà le papier qu'elle avait remis dans sa poche, quand le docteur Reppe arriva avec Marius et M. de Malaval, ainsi que Frumence me l'avait annoncé. Je désirais beaucoup que Marius connût exactement la vérité. L'avis du docteur pouvait être utile, et, si M. de Malaval était à craindre par ses appréciations bizarres, on pouvait compter sur sa parole de les garder pour lui seul. M. Barthez la lui demanda ainsi qu'aux autres. Cette précaution prise et les présentations faites, M. Barthez lut ce qui suit.

XLIII

« Moi, soussignée, Jane Guilhem, dite aujourd'hui Jennie Guillaume, fille de Cristin Guilhem et de Marie Kernay, tous deux nés et domiciliés à Saint-Michel, à l'île d'Ouessant (Bretagne), — où je suis née de leur légitime mariage le 10 avril 1780, — je déclare et affirme devant Dieu que je vais dire ici la vérité, toute la vérité, rien que la vérité.

« Mon père exerçait la profession de pêcheur, et, quoique pauvre, il n'a jamais rien dû qu'à son travail, à sa bonne conduite et à l'économie de sa femme, aussi courageuse et aussi respectable que lui. On pourra s'informer d'eux quand le moment sera venu.

« J'avais quatorze ans quand je perdis ma mère. Un an après, j'épousai Pierre-Charles Anseaume, qui avait vingt-deux ans, et qui était natif de Châteaulin en Bretagne, sans famille. Il sortait des Enfants-Trouvés et travaillait sur la barque avec mon père, qui l'avait engagé comme aide. Quand nous fûmes mariés, l'ennui du pays le prit, et il me proposa d'essayer du commerce, pour lequel il croyait avoir des idées. Comme j'aimais mon mari, que mon père était encore assez jeune pour penser à se remarier, et qu'il en était même déjà question, ce qui me causait un peu de peine, je fis sans trop de regret la volonté d'Anseaume. Il acheta des marchandises, et pendant une année environ nous avons vendu dans les villages de la côte de Bretagne avec d'assez bons profits. Comme je dois dire toute la vérité sur Anseaume, je conviendrai ici qu'il n'aimait pas beaucoup le travail et qu'il me laissait toute la peine; mais il n'était ni méchant ni mauvais sujet, et je n'ai jamais eu un mot avec lui. C'était un homme qui avait trop d'idées et pas assez d'éducation pour bien connaître ce qu'il voulait et pour se contenter de ce qu'il gagnait. Il voulait toujours gagner plus, non pas en trompant le monde, je ne l'aurais pas souffert, mais en inventant d'autres manières de gagner. Nous changions tous les jours de commerce, et, comme j'avais de l'ordre et de l'activité, tout nous réussissait assez bien; mais l'ambition lui venait toujours. Ce n'était pas tant pour l'argent d'abord, c'était comme pour contenter son imagination, qui ne s'arrêtait pas. Il disait qu'avec son esprit et mon courage il était sûr de devenir très-riche et de faire parler de lui.

« Il n'aimait rien au monde comme de changer de place; aussi quand au bout d'un an il me vit sur le point d'accoucher, il fut bien mortifié de l'idée de s'arrêter quelque part. Je proposai d'aller faire mes couches à Saint-Michel d'Ouessant, où je mettrais mon enfant en nourrice; car il fallait me priver de le garder avec moi, ou renoncer à l'état que nous faisions. Je retournai donc au pays, où je retrouvai mon père marié à une autre femme qui ne se souciait pas de m'avoir dans la maison, et je dus m'établir chez une amie que j'avais à la côte, et qui, pouvant sevrer son dernier enfant, m'offrit de nourrir le mien. Cette amie, qui était très-brave femme, s'appelle Isa Carrian, et on la retrouvera, je pense, quand on voudra, dans le même endroit, ainsi que son frère Jean Porgut. C'est là que je mis au monde une petite fille qui fut nommée Louise, et qui naquit le 3 juillet 1803.

« Aussitôt que je fus en état de reprendre mon commerce, j'allai rejoindre mon mari, qui m'attendait à Lannion. Il s'était débarrassé de notre fonds avec plus de perte que de profit, et j'avais bien fait de mettre quelque petite chose de côté, car il n'entendait rien aux affaires, et il s'y embrouillait aussitôt qu'il voulait s'en occuper lui-même. Je le trouvai changé, et vivant avec des gens dont je ne pris pas bien bonne opinion, car ils ne faisaient rien et paraissaient avoir toujours de l'argent pour le régaler. Ce n'est pas qu'il aimât la débauche; il avait une petite santé et ne supportait pas les excès; mais il aimait à causer, et une pointe d'eau-de-vie lui en fournissait pour une journée. Tout cela, c'était du temps perdu, et il m'écouta quand je l'engageai à quitter la ville.

« Comme nous étions en voyage pour Morlaix, où nous devions racheter d'autres denrées, il me dit tout d'un coup qu'il avait assez du petit commerce et qu'il voulait essayer d'autre chose, sans pouvoir expliquer son idée. Il parlait beaucoup sans rien dire et paraissait avoir la tête montée au point qu'il me fit peur, car il n'était pas ivre et semblait bien plutôt en train de devenir fou.

« Je réussis à le calmer, et, à Morlaix, il me laissa remonter notre boutique ambulante; mais, comme nous commencions à nous refaire, il me quitta, disant qu'il avait rendez-vous à Lorient pour huit jours et qu'il voulait étudier une affaire où je ne ferais que le gêner, car je n'y comprendrais rien. Il fallait vouloir ce qu'il voulait, car, s'il n'était pas méchant, il était obstiné. J'en eus du chagrin, je lui étais attachée malgré ses défauts, et d'ailleurs on doit ne pas trop regarder à ceux de son mari. Je ne me méfiais que de sa mauvaise tête, mais il emportait peu d'argent, et je devais continuer avec ou sans lui à en gagner pour élever ma petite Louise sans trop de misère.

« Anseaume resta trois mois absent, et je commençais à m'en tourmenter bien fort, quand il revint me trouver à Nantes. Il n'avait rien gagné, et il n'en était pas plus triste. Il disait avoir vu du pays et savoir plus d'un moyen de s'enrichir. Je ne pus jamais avoir d'explication raisonnable là-dessus. Il me craignait, disant que j'étais trop scrupuleuse et que je ne connaissais que le métier d'un cheval de pressoir qui tourne la roue sans regarder d'où vient le cidre. Il patienta quelque temps, et s'ennuya encore, et parut encore prêt à devenir fou.

« — Laisse-moi voyager au loin, disait-il. J'irai en Angleterre, en Amérique, et tu n'entendras jamais parler de moi, ou je rapporterai des millions.

« Il n'y avait plus moyen de lui parler de faire une petite fortune pour aller vivre tranquilles dans un coin avec notre enfant. Je vis bien que sa pauvre tête était perdue et que ma fille ne devait plus compter que sur moi. Je refusai de le suivre à Paris, où il voulait aller, et un matin il disparut pour revenir deux mois plus tard avec beaucoup de belles marchandises qu'il disait rapporter de Lyon. Jamais il ne put me dire avec quel argent il se les était procurées. Cela me fit peur. Je refusai de les vendre.

« — Tu crois donc, me dit-il en riant, que je les ai volées?

« Je lui répondis que, si je le croyais, j'en mourrais de chagrin, mais que je le savais assez léger pour se laisser mêler à des affaires dangereuses, et que je ne voulais pas de marchandises dont il ne pouvait pas me dire la provenance.

« Je crois encore que tout ce que mon pauvre mari a pu faire de mal, il l'a fait sans avoir sa tête. Je n'ai jamais voulu voir bien clair au fond de cette affaire-là et des autres. Je lui ai vu tantôt des bijoux, tantôt de l'argent, et je n'ai jamais consenti à y toucher. Il ne s'en fâchait pas. Il riait toujours ou me traitait d'enfant sauvage. C'est ce qui me tranquillisait un peu. Je savais bien qu'il avait de l'esprit, et je ne pouvais pas croire qu'on pût être gai en faisant le mal; mais on pense bien que je n'étais pas gaie pour mon compte et que j'avais besoin d'un peu de courage pour ne pas montrer mes peines.

« Il fit une troisième absence pendant que je travaillais en Normandie à débiter des articles de mercerie, et, comme j'avais gagné quelque chose sur mes échanges, je résolus de me reposer quelques jours en m'en allant au pays voir ma pauvre petite, que je connaissais à peine et dont je n'avais pas eu de nouvelles depuis assez longtemps. J'allais partir, quand je vis arriver mon mari avec une jolie enfant dans ses bras.

« — Voilà ta fille, me dit-il, voilà notre Louise que je t'apporte; elle est sevrée, et il ne faudra plus la quitter, car tu vois qu'elle a souffert et qu'elle est délicate pour son âge.

« En effet, au milieu de ma joie, je ne pouvais pas m'empêcher de pleurer en retrouvant ma fille d'un an et demi aussi petite et aussi menue qu'un enfant de dix mois tout au plus. Elle était pâle, et la femme que mon mari avait amenée pour en prendre soin en route avait l'air d'une pauvresse de carrefour.

« Il la paya et la renvoya tout de suite; je ne l'ai jamais revue, et je ne la reconnaîtrais pas, si je la rencontrais. Anseaume m'a dit qu'elle était de l'île d'Ouessant; mais je n'y avais jamais aperçu sa figure, et je ne connaissais pas le nom qu'il lui donna. Je dois dire qu'il lui en donna d'abord un comme au hasard et puis un autre; autant dire que je n'ai jamais rien su de cette femme. Anseaume prétendit qu'il arrivait de l'Espagne par mer, qu'il avait débarqué à Brest, où il s'était informé de moi chez notre correspondant, qu'il avait voulu aller voir notre petite, et que, la trouvant mal soignée, il s'était décidé à me l'apporter en la mettant sur les bras de la première femme venue. Il n'en avait pas trouvé de meilleure mine qui fût à même de le suivre.

« — Puisque voilà ma Louise, lui répondis-je, je te pardonne tout, et, puisque j'avais économisé de quoi aller la voir, je vais la garder et m'arrêter ici pour lui donner le temps de se remplumer, car elle en a bien besoin.

« J'étais si heureuse d'avoir mon enfant et de faire connaissance avec elle, que je mis ma voiture et mon cheval en dépôt dans une ferme de Normandie, aux environs de Coutances, et y louai une chambre pour moi, car Anseaume parlait déjà de repartir, et repartit au bout de deux jours. Moi, au bout de deux mois, j'avais déjà rendu la santé, la couleur et la gaieté à ma pauvre petite, et je lui apprenais les premiers mots, qu'elle ne savait pas, quoiqu'elle dût être en âge de babiller un peu. Je passais mes journées dans les prés à la voir se rouler sur l'herbe au soleil. Je trouvais partout du bon lait pour elle. Je ne pensais plus qu'à elle. Tout le monde était bien pour nous, et la fermière me consolait en me disant qu'elle avait eu des enfants retardés comme était le mien, qui s'étaient bien repris et étaient devenus forts. Cela me donnait du courage, j'oubliais mes peines, j'étais heureuse pour la première fois de ma vie.

« Je reçus un jour une lettre d'Anseaume datée de Bordeaux. Il m'annonçait son départ pour l'Amérique, me recommandait d'avoir bien soin de notre petite, et m'envoyait cent louis. J'eus peur de les prendre, et pourtant je les pris, me disant que, s'ils ne venaient pas de bonne source, j'étais bonne, moi, pour les rendre à qui me les réclamerait avec de vraies raisons. Et puis je ne pouvais pas me dire autorisée à suspecter la bonne foi de mon mari, mon devoir me le défendait; je n'avais pas de preuves, et je peux jurer encore aujourd'hui qu'excepté l'affaire de l'enfant, je ne sais positivement rien de mal sur son compte. Un temps viendra malheureusement où je serai forcée de mettre sur la voie des recherches, et où sa mémoire sera peut-être entachée. Je retarderai ce jour-là autant que je le pourrai, et, s'il n'arrive pas, j'en rendrai grâce à Dieu.

« Me voyant de l'argent avec celui que j'avais gagné, et ne devant plus compte de mes affaires à un mari qui m'abandonnait à ma propre gouverne, je pris le parti d'aller vivre en paix avec Louise dans mon pays pendant un an ou deux. L'enfant avait besoin d'une mère, et elle n'était pas encore assez forte pour me suivre dans ma vie de voyage et de travail. Je débarquai à la côte d'Ouessant, juste en face de la maison d'Isa Carrian, et, quoique j'eusse à lui savoir mauvais gré de m'avoir rendu ma fille si chétive, je ne voulus point passer devant sa porte sans lui montrer comme je l'avais déjà amendée et sans écouter les excuses qu'elle pourrait me faire.

« J'entrai donc chez elle et je la trouvai en deuil. Elle avait perdu son mari et son petit garçon.

« — Tu viens voir le malheur, me dit-elle en m'embrassant ; me voilà seule au monde, et tu es bonne de ne pas m'en vouloir. Il n'y a pas eu de ma faute, et j'ai bien pleuré ta fille aussi ! Mais te voilà consolée, toi : tu en as déjà une seconde, et aussi belle qu'était l'ancienne, car elle ne peut guère avoir plus d'un an, et je la trouve grande pour son âge.

« Je crus qu'Isa avait perdu la raison. Quand je lui eus juré que je pensais tenir Louise dans mes bras, elle me jura que Louise était morte depuis six mois, et que je pourrais voir son extrait mortuaire et sa petite tombe. Quant à mon mari, personne ne l'avait revu au pays depuis notre départ : il m'avait menti, il m'avait donné à élever un enfant illégitime, peut-être un enfant qu'il avait eu de la pauvresse qui me l'avait apporté, et dont, au reste, Isa ni personne chez nous n'avait jamais entendu parler.

« Je n'ai pas besoin de raconter ici le chagrin que je dus avoir. Je restai enfermée toute la nuit avec la pauvre Isa, qui n'était coupable de rien, car elle avait soigné ma fille aussi bien que son propre enfant. Ils avaient tous deux été enlevés par une épidémie. Carrian avait péri en mer. Isa était bien misérable, mais elle voulait me rendre les mois de nourrice que je lui avais envoyés d'avance pour ma petite. Je les lui fis garder, et nous dûmes aviser ensemble à ce que j'allais faire de ma fausse Louise. Je ne cherchai pas longtemps. Je l'aimais; je ne pouvais plus faire autrement que de l'aimer. Quant à mon mari, je ne devais ni ne voulais le perdre d'honneur. Je demandai le secret à Isa, qui me le promit et me le garda fidèlement. L'enfant qu'on m'avait donné, et dont je ne savais pas l'âge, pouvait bien passer pour mon second enfant. Mon père, à qui je le présentai le lendemain, me reprocha de ne lui avoir pas écrit que j'étais mère une seconde fois. Je lui reprochai doucement de ne m'avoir pas fait savoir la mort de ma fille. Il répondit que les mauvaises nouvelles sont plus mauvaises à écrire. On s'embrassa. La fausse Louise, à qui je donnai le nom d'Yvonne, car mes deux filles ne pouvaient pas s'appeler de même, fut adoptée par la famille sans aucune méfiance de la vérité. Ma belle-mère n'était pas une mauvaise femme, mais elle me vit avec plaisir m'établir à la côte avec Isa. Je fis réparer et assainir la maison de mon amie, et j'y montai une petite boutique qui s'achalanda vite des partants et arrivants, et qui me permit de vivre dans l'aisance et la propreté. Yvonne me devint tous les jours plus chère, et je passai là environ quatre ans qui ne furent pas malheureux.

« Mais, un jour que j'avais été chez une parente malade, de l'autre côté de l'île, et que je revenais vers le soir avec ma petite par un endroit désert, je vis dans les rochers une barque de contrebande qui s'amarrait pour la nuit, et dans cette barque un homme dont j'avais souvenir. C'était un de ces mauvais compagnons que mon mari rencontrait de ville en ville, avec qui il avait toujours des secrets à dire, et qui le gardaient avec eux des semaines entières, Je n'étais pas bien aise de lui parler; mais je pensai qu'il pourrait me donner des nouvelles d'Anseaume, et, m'approchant du récif qui l'abritait, je lui en demandai. Il me répondit, sans sortir de sa barque, que cela se trouvait bien, car il était chargé de m'en donner en cas de rencontre. Il m'apprit d'abord une chose qui me fâcha beaucoup, c'est que mon mari, après avoir fait longtemps la contrebande, s'était engagé à bord d'un flibustier, et qu'il devait être toujours sur les côtes d'Amérique, où il avait été rencontré un an auparavant par celui qui me parlait. Je ne pus guère le confesser, il avait fait aussi la flibuste, celui-là, et il ne se souciait pas de parler de lui-même. Je lui demandai s'il ne s'appelait pas de son nom de guerre Ésaü. Il prétendit que je me trompais, et qu'il se nommait Bouchette. Voyant que je n'en pouvais rien tirer de plus, j'allais le quitter, quand il parut se souvenir de quelque chose, et, regardant Yvonne qui dormait sur mon épaule :

« — Est-ce celle-là? me dit-il.

« — Comment, celle-là?

« — Oui, celle que nous avons ramenée du Midi avec une fille bohémienne qui ne pouvait plus la nourrir.

« — Oui, c'est celle-là.

« Je répondais comme cela pour savoir la vérité, et je fis semblant de ne pas trop m'étonner. Je lui dis qu'il devait m'apprendre au juste d'où venait cette enfant, parce que mon mari m'avait commandé d'en avoir bien soin et de la reporter ensuite où on l'avait prise.

« — Ma foi, répondit le contrebandier, vous en ferez ce que vous voudrez. C'était une affaire commencée par Anseaume, et qu'il a oubliée à présent avec quantité d'autres. Sotte affaire, et que je n'approuvais pas! Il y avait trop de dangers et trop de choses à débrouiller. Vous savez bien qu'Anseaume est fou?

« — Vous dites que mon mari est fou?

« — Ça le prend comme ça de temps en temps, et, à force de vouloir du nouveau, il fait plus de vieux que de bon.

« — Voyons, dites-moi la vérité : où est-ce que cette bohémienne avait pris l'enfant?

« — Je sais bien d'où l'enfant vient; mais, si c'est la bohémienne ou Anseaume qui l'a pris, je ne sais pas.

« — Mais quelle était son idée?

« — L'idée de le reporter dans quelque temps, comme s'il l'avait trouvé et sauvé, afin de se faire payer cher. Il disait une chose et puis une autre. Tantôt il voulait le reporter tout de suite, mais il avait peur d'être *pincé;* tantôt il voulait écrire sans signer et se faire donner d'avance une grosse somme; mais il ne se fiait pas à la bohémienne, et je ne voulais pas me mêler de ça. En attendant, l'enfant n'allait pas bien, et il avait peur de le voir mourir en chemin. Ça m'inquiétait aussi, car on faisait des recherches assez loin, et j'ai lâché Anseaume à Valence, sur le Rhône. Je l'ai retrouvé au bout de trois semaines qui arrivait à Paris. Il ne voyageait pas vite et n'allait pas tout droit, afin de dépister la police. Je lui ai conseillé de vous porter la petite, parce que, si on voulait la rendre avec profit, il fallait pouvoir la livrer en bon état. C'est ce qu'il a fait; mais je vois qu'il a oublié, en partant pour l'Amérique, de vous dire le fin mot. Je le reconnais bien là. Il vous craignait, ou bien il a pensé à autre chose. Que voulez-vous! c'est comme ça qu'il est!

» — N'importe son idée, repris-je; je veux rendre l'enfant. Dites-moi à qui elle appartient.

« — Oh! ma foi, je n'en sais rien à présent. Je ne me souviens que d'une chose, c'est que l'affaire a été faite aux environs de Toulon-sur-Mer. Allez-y, et vous saurez bien l'histoire dans le pays. C'est des histoires qui n'arrivent pas souvent, et la chose a dû faire du bruit.

« J'aurais voulu en savoir davantage; mais le contrebandier vit ou crut voir approcher un garde-côte, et il prit le large en me faisant signe de m'éloigner. Je devais rentrer ma petite, qui était fatiguée. Le lendemain et les jours suivants, je cherchai le long des côtes, mais je ne pus retrouver cet homme, et je commençai à penser à ce que je devais faire.

« J'avais tant de chagrin de me séparer d'Yvonne, que je confesse avoir juré plus d'une fois en l'embrassant que je la garderais sans rien dire; mais, en me figurant le chagrin que ses parents devaient avoir, j'avais honte de moi, et je demandais à Dieu la force de faire sa volonté. Au bout de huit jours, je partis pour Toulon, où, sans faire semblant de rien, j'appris bien vite qu'on avait perdu une petite fille de dix mois, quatre ans auparavant, et que sa grand'mère la cherchait toujours. Ayant pris des informations sur le pays et sur les voisins de cette dame, j'allai parler au curé des Pommets, qui me reçut bien, et à qui je demandai de me faire causer secrètement avec elle. Elle me donna un rendez-vous le soir dans un endroit secret de son parc, appelé la Salle verte, et, laissant la petite au curé et à son neveu, M. Frumence, je me rendis déguisée en femme provençale, en me cachant la figure sous une cape, auprès de cette dame à qui je racontai toute mon histoire, et qui prit tout de suite tant de confiance en moi, qu'elle voulait me payer avant d'avoir sa petite-fille ; mais je ne voulus pas de payement, comme on peut bien le penser : je n'en avais pas besoin, et on aurait pu croire que j'avais spéculé sur la vérité. J'amenai la petite le lendemain soir avec les mêmes précautions. Madame de Valangis ne pouvait pas la reconnaître ; mais elle avait gardé bonne souvenance des petites marques qu'elle avait à l'oreille et au pied droit, du nombre de ses marques de vaccine et d'une petite mèche de cheveux blonds qu'elle avait au milieu de ses cheveux noirs. Elle avait écrit tout cela pour la reconnaître si on la lui ramenait, et, comme Yvonne avait tous ces signes et cette mèche de cheveux blonds qu'elle a encore et qui est bien apparente, ni la grand'mère ni moi ne pouvions douter que ce ne fût elle. Je lui rendis sa petite après lui avoir fait jurer sur l'Évangile qu'elle ne dirait jamais un mot de ce que je lui avais appris, car cette affaire-là pouvait conduire le coupable aux galères, et je ne pouvais répondre que le coupable ne fût pas mon mari. Cette bonne dame voulait me garder chez elle, mais je ne pouvais pas rester exposée à des recherches qui auraient fini par compromettre Anseaume. Je promis sur l'honneur à cette dame de revenir, si je devenais veuve, et de la relever de son serment si la vérité était un jour nécessaire à la légitimité et aux droits de Lucienne. Je suis revenue quand j'ai appris que mon mari était mort ; mais, par égard pour sa mémoire, je n'ai jamais rien laissé dire. Pour échapper aux questions, je n'ai même jamais eu l'air devant le monde d'avoir connu Lucienne auparavant, j'ai un peu changé mon nom ; enfin j'ai fait pour le pauvre Anseaume tout ce que me commandait mon devoir, et, dans tout ce que je viens d'écrire sous les yeux de madame de Valangis et de M. Frumence, neveu adoptif de l'abbé Costel, je jure encore que ma mémoire ne m'a pas trompée d'un mot. Je ne sais rien de plus et rien de moins; en foi de quoi, je signe, le jour de Pentecôte de l'année 1816.

« JANE GUILHEM, veuve ANSEAUME.

« Au château de Bellombre. »

XLIV

Je ne sais quel effet produisit autour de moi la lecture de ce document. J'en fus émue à ce point que j'en pesai à peine la valeur légale. Je ne voyais que la bonté, la sincérité, le désintéressement, la simplicité héroïque de Jennie, sa clémence envers son mari, sa tendresse pour moi, et ce qu'elle avait dû souffrir, en m'aimant ainsi, de renoncer à m'appeler sa fille. Elle-même, la pauvre Jennie, en se retraçant l'effort qu'elle avait fait pour se séparer de moi, effort caché avec tant de délicatesse qu'elle en parlait à peine dans sa relation, elle fut surprise par les larmes. Je lui jetai mes bras au cou, et je restai pleurant ainsi avec elle et oubliant tout le reste.

Je fus rappelée à moi-même par la voix de M. Barthez, qui s'était levé et qui disait avec une solennité attendrie :

— Je n'ai pas à me prononcer ici sur l'autorité légale de cette pièce. Je crois que le tribunal le plus austère et le plus scrupuleux ne pourrait se dispenser de la prendre en grave considération; mais ce que je peux dire, ce que je dirais devant toute la terre, c'est qu'elle m'inspire personnellement une confiance absolue. Cela, monsieur Mac-Allan, je le jure aussi, moi, devant Dieu!

Je regardai alors M. Mac-Allan, dont la physionomie avait pris pour la première fois une expression austère et recueillie. Il y avait en lui en ce moment la gravité et la dignité d'un juge, et il me plaisait mieux ainsi que sous l'aspect aimable et fin de l'avocat habitué aux transactions.

— Avant que je vous communique mon impression, dit-il en s'adressant à M. Barthez, mais en attachant son clair regard sur Jennie, qui essuyait ses yeux et reprenait son air habituel de résolution tranquille, permettez-moi de vous adresser une question. Est-ce madame Jane Guilhem qui a rédigé seule ce document?

— C'est elle seule, devant moi, répondit Frumence. C'était dans ce salon, madame de Valangis était assise là où vous êtes et causait à voix basse avec moi, pendant que madame Jennie écrivait devant la crédence entre les deux fenêtres. Les enfants, M. Marius de Valangis et sa cousine, jouaient dans ce parterre. Madame Jennie écrivit pendant une heure et nous lut elle-même ce qu'à notre instigation elle s'était décidée à rédiger en cas de mort.

— Et vous ne l'avez ni amplifié, ni diminué, ni corrigé ensuite, monsieur Frumence? Dites : vous savez que votre parole me suffira.

— Je vous donne ma parole que je n'y ai changé ni une phrase, ni un mot, ni une syllabe. La rédaction eût-elle été incorrecte et obscure, ce qu'elle n'est pas, j'aurais regardé comme une trahison de ma conscience d'altérer en quoi que ce soit la spontanéité, je dirai même la personnalité du renseignement.

— Vous dites le mot, monsieur Frumence, reprit M. Mac-Allan en cessant d'examiner Jennie; ceci est un renseignement qui fait honneur à l'intelligence et au caractère de madame Anseaume. J'ajouterai même, avec M. Barthez, qu'il me paraît avoir une grande valeur morale, en ce sens qu'il dégage à mes yeux, comme aux siens, la responsabilité de cette dame. Je suis tellement sincère en vous parlant ainsi, que je prie madame Jennie (c'est, je crois, le nom qu'elle préfère) de vouloir bien me donner une poignée de main.

Jennie n'hésita pas. Elle se leva et tendit la main à notre adversaire en le regardant droit au visage et en lui disant :

— Oui, je préfère rester Jennie; c'est un nom qui ne me rappelle qu'un seul chagrin, la mort de madame... Mais on m'appellera pourtant comme on voudra, ajouta-t-elle ; je serai toujours contente, si la vérité prévaut.

— Comment ne prévaudrait-elle pas? dit M. de Malaval, las de subir passivement la réalité. Il est bien évident pour tout le monde que le marquis de Valangis avait reconnu sa fille.

M. Mac-Allan regarda Malaval avec surprise. Un furtif sourire d'impatience de M. Barthez lui apprit qu'il ne fallait tenir aucun compte des appréciations inattendues de ce personnage; mais ce pâle éclair de gaieté qui passait sur nous se dissipa bien vite. M. Mac-Allan se rassit, et conclut d'une manière aussi imprévue pour Jennie et pour moi que l'avait été la réflexion de M. de Malaval.

— J'ai traité cette pièce de renseignement, dit-il en s'adressant collectivement à nous tous dans la personne de M. Barthez, et je tiens à maintenir la très-solide expression dont s'est servi M. Fru-

mence. Ceci est un renseignement, je dirais presque un certificat, que, sans le savoir et sans même y songer, madame Jennie s'est donné à elle-même. Je suis heureux de pouvoir lui dire qu'il dissipe tous les soupçons que j'aurais pu avoir sur sa haute probité. *Mais,* — ici M. Mac-Allan s'arrêta pour nous obliger à peser la force des objections qu'il allait soulever, — mais je déclare que la lecture dont je viens d'être ému ne change absolument rien au jugement que j'ai porté sur l'affaire en elle-même.

Marius, qui croyait la partie gagnée pour moi, fit un geste d'étonnement courroucé que M. Mac-Allan ne parut pas remarquer, ou dont il ne voulut tenir aucun compte, car il poursuivit paisiblement :

— Je connaissais, — non pas la rédaction du renseignement, — mais tous les faits qu'il renferme, et mon appréciation de ces faits n'est en aucune façon modifiée par la narration qui les coordonne.

— Comment donc les connaissiez-vous ? s'écria Jennie surprise.

— Je les connaissais tellement, répondit l'avocat, qu'ils avaient servi de base à l'enquête que j'ai faite avant de venir en Provence.

— Vous ne consentez pas à nous dire comment

vous les connaissiez? lui demanda M. Barthez.

— Non, je ne dois pas y consentir; mais vous pouvez supposer, vous, monsieur, une situation très-régulière et très-vraisemblable : c'est que depuis longtemps madame de Valangis, sans trahir le secret de Jennie, avait fait part à son fils de tout ce qui pouvait lui faire accepter mademoiselle Lucienne pour sa fille.

C'était une réponse sans réplique, et pourtant je remarquai la physionomie soupçonneuse de M. Barthez en observant le docteur Reppe, qui resta impassible et comme indifférent aux suppositions. Disons, pour éclairer cette circonstance, que le docteur, étant la seule personne admise au tête-à-tête avec ma grand'mère, avait pu profiter de quelques moments d'affaissement dans son caractère, pour lui faire dire ce qu'elle avait résolu et juré de ne dire à personne. Le docteur était provincial dans l'âme, et son air d'insouciance cachait un grand instinct de curiosité. Il avait pu rapporter à madame Capeforte ce qu'il avait deviné ou surpris, et madame Capeforte avait pu le trahir plus ou moins longtemps avant la mort de ma grand'mère.

Quoi qu'il en soit, M. Mac-Allan ne trahit personne, et continua.

— Je savais donc ce qui devait me mettre sur

la voie des recherches, et, après avoir fait ces recherches, je savais que madame Jane Guilhem avait été mêlée non personnellement, mais, à son insu, par le fait et le nom d'Anseaume son mari, à des affaires de contrebande sur les côtes de France et d'Angleterre. Je savais qu'elle avait eu une fille du nom de Louise, née et morte à l'île d'Ouessant en 1803. Les indications qu'elle donne à cet égard sont parfaitement exactes. Je savais aussi qu'elle avait reparu dans cette île avec une seconde fille qu'elle disait sienne et qu'elle avait élevée pendant quatre ans chez une honnête femme nommée Isa Carrian. Je sais encore qu'après être partie avec cette enfant sans dire le but de son voyage, elle n'avait jamais reparu dans son lieu natal, où elle n'avait plus de famille. Son père était décédé durant le voyage qu'elle faisait dans le Midi. Elle avait repris alors son commerce ambulant, en compagnie d'Isa Carrian, jusqu'à l'époque où, apprenant la mort d'Anseaume, elle est venue s'installer ici comme femme de confiance. Isa Carrian avait continué le petit commerce pour son compte jusqu'à son décès...

— Isa est morte? s'écria Jennie, affligée et consternée.

— Isa est morte à Angers, il y a six mois, répondit M. Mac-Allan. Je vois que vous l'ignoriez, et je regrette de vous porter ce coup d'autant plus grave, qu'avec Isa Carrian disparaît un témoignage d'une grande importance. Elle seule dans votre pays savait qu'Yvonne n'était pas votre fille, et elle a été si discrète à cet égard, que personne encore ne le soupçonne. Quant à un contrebandier ou à un flibustier nommé Ésaü ou Bouchette, j'ignorais son existence; mais, s'il vit encore, il sera difficile de retrouver un homme qui cache son nom, son état, ses fautes probablement, et que vous avez à peine connu. La trace de la bohémienne complice, confidente ou servante-temporaire d'Anseaume est bien plus insaisissable, et, quant à Anseaume lui-même, vous avez envoyé copie de son acte de décès pour faire vendre à Saint-Michel d'Ouessant quelques objets qui vous appartiennent et qui étaient sous son nom. Enfin, et pour me résumer, voici ce qui résulte des recherches auxquelles, depuis deux mois, je me suis activement livré tant en Bretagne qu'en Normandie, en Vendée et dans les îles, pour retrouver les vestiges de cette affaire. Les époux Anseaume ont laissé, dans les diverses et nombreuses localités qu'ils ont parcourues ensemble, quelques souvenirs assez précis. Anseaume a frappé quelques personnes par son esprit naturel, sa gaieté, son désordre et ses bizarreries. Dès qu'il se jette dans une industrie occulte, il change de nom coup sur coup, et on perd bientôt sa trace. Sa veuve laisse des souvenirs plus récents et plus nets. On la voit exercer la profession du colportage avec décence et probité. On l'a connue et on l'estime. On regrette de ne plus la voir aux pardons de Bretagne ou aux foires de Normandie avec son riant étalage de rubans bariolés et de toiles peintes flottant au vent. On se demande ce que, depuis douze ans, elle est devenue ; mais, comme pendant douze ans la population se renouvelle ou se déplace en grande partie, il est d'autres localités où l'on a oublié soit son nom, soit sa figure, soit l'un et l'autre. Personne ne peut dire si elle a eu un ou plusieurs enfants. On ne lui en a pas connu autour d'elle. On pense que son mari l'a souvent ruinée et définitivement abandonnée. Voilà tout ce que j'ai pu recueillir; car j'ai agi moi-même, et soyez tranquille, madame Jennie : ne voulant pas faire naître de soupçons sur le compte d'une personne que je n'avais pas l'honneur de connaître, j'ai laissé croire que mes informations n'avaient pour but que de vous faire recueillir un petit héritage ; mais je conclus en vous disant : Votre histoire est vraie en ce qui vous concerne, elle est peut-être vraisemblable pour quiconque l'étudierait comme un roman composé avec soin. Elle a, en faveur de l'identité de mademoiselle Lucienne de Valangis, des circonstances que l'on pourra faire valoir; mais elle est absolument dénuée de preuves sur ce point capital. Vous passerez peut-être des années à faire chercher deux témoins que vous ne pourrez jamais retrouver, un flibustier pendu probablement à la vergue de quelque navire, et une bohémienne que vous ne reconnaîtriez même pas, vous l'avez déclaré vous-même. L'acteur principal du drame est mort, cela est constaté, sans vous laisser une preuve, un écrit, un gage quelconque. Tout l'état civil de mademoiselle Lucienne repose donc sur le fait de quelques signes extérieurs que sa grand'mère a cru reconnaître, une ou deux petites marques sur l'épiderme, une légère nuance dorée que je distingue et que je ne refuse pas d'apercevoir au milieu de sa chevelure sombre; mais, en vérité, ses amis et ses conseils peuvent-ils penser que des signes si médiocrement particuliers, joints à l'illusion d'une tendre aïeule et au témoignage d'une seule personne véridique, mais vaguement renseignée, trompée peut-être, et en tout cas dans l'impossibilité de faire apparaître l'auteur de la révélation qui a motivé sa croyance, je le demande à l'homme de loi qui nous écoute, au médecin qui sait par quelles transformations passe un enfant d'un an à quatre, aux personnes qui savent ce que c'est que la réalité, la notoriété, la certitude dans les faits de la vie humaine, je le demande à mademoiselle de Valangis, qui a toutes les apparences de la raison et de la loyauté, je le demande enfin à vous-même, madame Jennie, à vous qui êtes assurément une personne au-dessus du vulgaire, un esprit remarquablement droit et suffisamment éclairé : croyez-vous que votre témoignage et vos preuves puissent servir à quelque chose?

XLV

Un silence de consternation succéda au discours de Mac-Allan. Jennie seule résista au découragement.

— Oui! dit-elle avec énergie. Je crois qu'à la vérité la vérité doit suffire. Qu'on nous donne du temps! Je chercherai, moi. Personne ne sait si le contrebandier est mort. Il est peut-être vivant. J'ai passé dix ans avant d'avoir une preuve de la mort de mon mari et je l'ai enfin acquise. Je ne sais pas le nom de ce contrebandier; mais j'ai reconnu une fois sa figure, pourquoi ne la reconnaîtrais-je pas une seconde? Il y a toujours des contrebandiers à Ouessant et ailleurs. Tous se connaissent. Je m'adresserai à eux, je les ferai parler. Pourquoi celui qui m'a dit la vérité aurait-il inventé cela? Comment aurait-il fait pour l'imaginer et pour tomber juste? Voilà un hasard que vous n'expliquerez pas. Et pourquoi ne dirait-il pas maintenant tout ce qu'il sait, s'il n'a pas été le complice de l'enlèvement? Non, non! tout n'est pas fini, parce que nous n'avons pas fait toutes les recherches qu'il fallait faire; mais nous les ferons. C'est le moment de les commencer. Je n'y répugnerai plus. Si mon mari n'est pas à l'abri du blâme, il est maintenant à l'abri du châtiment. Et puis je n'ai pas d'enfants. Il n'avait pas de famille, lui; moi, je n'en ai plus. Il n'y aura plus que moi pour porter un nom déshonoré. Rien ne me retiendra maintenant pour sauver Lucienne. J'ai eu tort peut-être d'attendre si longtemps. Les innocents doivent passer avant les coupables... Que voulez-vous! c'était mon mari! Et, quand à Brest ou à Toulon je voyais passer la chaîne, j'avais froid dans le cœur et je me disais : « Est-ce que je serai obligée de l'envoyer là? » J'ai été faible, ma pauvre Lucienne! il faut me pardonner, mais je réparerai tout. Je me mettrai en route demain s'il le faut, et, s'il le faut, j'irai jusqu'en Amérique.

— Attendez, Jennie! dit M. Barthez, ému presque autant que moi-même; vous avez dit que vous répondriez à des questions. Où est mort Anseaume?

— Anseaume est mort au Canada et en prison pour dettes. Il paraît qu'il y était devenu fou, ce malheureux!

— Comment avez-vous su qu'il était mort, et comment n'avez-vous recherché le lieu et la preuve de son décès qu'au bout de dix ans?

— J'ai recherché la preuve aussitôt que j'ai su la mort, mais je ne savais pas le lieu. Des mariniers bretons qui avaient été à la pêche de la baleine avaient rencontré à Terre-Neuve d'anciennes connaissances du Canada, des pêcheurs comme eux, et, comme on causait de ceux avec qui on avait couru la mer autrefois, on en est venu à parler de mon mari. Il avait fait tout jeune une campagne de pêche par là, et on se souvenait de lui parce qu'il était le plus gai et le plus paresseux de la bande. Alors, un de ces Canadiens a dit: « J'ai revu une fois Anseaume à Montréal, et je sais qu'il est mort par là. Il ne songeait plus à la pêche. Il faisait un autre état. » On n'a pu savoir quel état. Seulement, on m'a dit, à moi: « Vous êtes veuve, » et je ne pouvais pas en être sûre. J'ai donc chargé un avoué de chez nous de prendre des informations. J'ai dépensé beaucoup d'argent. On a écrit beaucoup de lettres. Enfin on a découvert, il n'y a pas plus de deux ans, qu'Anseaume était mort en prison à Québec sous le nom de Perceville, mais bien connu pour Anseaume par ses créanciers et inscrit comme tel au registre des décès. Je voulais payer ses dettes, on n'a pu retrouver les créanciers : c'étaient des *ambulants* comme lui. J'ai fait demander s'il n'avait pas laissé des effets, des papiers, une lettre pour moi. Il n'avait rien laissé, et ce qu'il eût laissé d'écrit, m'a-t-on dit, n'aurait pu être que des paroles de fou. — Mais enfin, pourquoi n'irais-je pas m'informer moi-même à présent ? Dans la folie, on parle quelquefois beaucoup et on peut dire la vérité. Je peux retrouver ses camarades de prison, le médecin, l'infirmier, savoir si à sa dernière heure il a eu un remords, un souvenir, une crainte, s'il a parlé d'un enfant...

— Vous avez autant de sagacité que d'imagination, madame Jennie, dit M. Mac-Allan avec douceur; mais, quand vous feriez ces prodiges de dévouement et de zèle, croyez-vous donc que les vagues propos du délire, recueillis si longtemps après coup, auraient quelque valeur en justice ? Non, voilà des rêves, croyez-moi ! Tout ce que vous nous apprenez rend plus délié encore le fil,... je ne veux pas dire le *cheveu,* qui rattache mademoiselle Lucienne à la société. Tout ce que vous songez à entreprendre ne peut que rendre impossible une transaction avantageuse, j'ose dire brillante, pour la personne que vous aimez. Vos recherches peuvent durer longtemps, et, pendant qu'elles dureront, quel sera le sort de mademoiselle Lucienne, réduite à la portion congrue, privée de votre compagnie et abandonnée seule à des luttes pénibles, sans parler des dangers que court une jeune personne isolée et sans protection dans le monde ?

— Vous vous trompez, monsieur, dit sèchement Marius ; ma cousine aura la protection de ses parents, M. de Malaval et moi.

— Votre protection est bien jeune, monsieur, répondit l'avocat, et celle de M. de Malaval ne pourra être que gratuitement généreuse. Résisteront-elles l'une et l'autre à la certitude plus ou moins prochaine d'un devoir purement chimérique?

Je ne sais ce que Marius allait répliquer, lorsque l'abbé Costel, qui n'avait encore rien dit ni rien fait paraître de ses impressions, prit la parole avec une certaine vivacité enthousiaste.

— Vous ignorez, monsieur, dit-il à Mac-Allan, que M. Marius de Valangis est le fiancé de mademoiselle de Valangis, et qu'elle n'a pas besoin des concessions de sa belle-mère pour conserver le nom qu'elle porte. Si elle le perd, elle est sûre de le retrouver le lendemain : donc, vos propositions sont non avenues. Ni M. Marius ni sa cousine n'accepteront jamais des offres d'argent, dont ils sont déjà assez offensés. Ne les renouvelez pas, je vous le conseille, et plaidez, si bon vous semble. Réduisez mademoiselle de Valangis au partage des biens de sa grand'mère avec les frères consanguins, réduisez-la même au dénûment absolu : elle ne peut qu'attendre son sort, braver l'infortune et s'en consoler par l'affection de son époux et le dévouement de ses amis.

— Vous parlez d'or, monsieur l'abbé, répondit sans hésiter Mac-Allan; si c'est là la conclusion du débat, je n'ai plus qu'à me taire et à regarder ma mission comme accomplie. J'abandonne à d'autres, plus ardents que moi aux exécutions judiciaires, le soin d'attaquer le testament et de contester l'état civil de l'héritière. Toute la responsabilité du désastre tombe désormais sur M. Marius de Valangis, et je m'en lave les mains : j'ai fait mon devoir.

L'abbé Costel avait rompu la glace. Il ne restait plus à Marius qu'à risquer le naufrage; mais Marius n'était pas l'homme du parti héroïque, il n'en avait que la velléité superficielle, et ses airs de fierté se trouvaient toujours d'accord avec l'intérêt bien entendu de sa situation. Il lui avait semblé de bon goût de m'offrir sa protection pour me lier à lui par la reconnaissance en cas de succès. Cette protection n'allait pas jusqu'au mariage en cas de ruine. Il pâlit, et, sentant tous les yeux attachés sur lui, il perdit la tête, serra les poings, et me lança un regard de défi et de terreur; singulier mélange de menace et de détresse qui n'échappa ni à la perspicacité de M. Barthez, ni à celle de M. Mac-Allan, ni à celle de Frumence. Je n'avais qu'une chose à faire, qui était de renouveler devant tous la déclaration que j'avais déjà faite devant M. Barthez. Je sentis aussi que je devais tout prendre sur mon compte pour sauver à Marius l'humiliation de se trouver au-dessous du rôle magnanime que lui attribuait si gratuitement M. Costel. Je déclarai donc que, pour des raisons étrangères à la situation actuelle, j'étais revenue sur mes projets et avais refusé d'avance les offres généreuses que mon cousin était disposé à me faire. Marius, soulagé d'un poids au-dessus de ses forces, retrouva assez de présence d'esprit pour faire une belle sortie.

— Puisqu'il en est ainsi, dit-il en venant à moi, je n'ai plus que le droit de conseil, et j'espère que tu voudras bien me faire part de tes résolutions et agréer les avis que j'aurai à te soumettre. Pour le moment, après t'avoir offert tout ce qu'il dépendait de moi de t'offrir, j'aurais mauvaise grâce à insister sur un moyen de salut que tu dédaignes, peut-être à tort, et je me retire pour t'épargner l'embarras de te prononcer sur les causes de ton refus.

Il me baisa la main, salua les autres avec une élégance aisée, et se retira avec M. de Malaval, qui crut devoir m'adresser quelques mots de blâme poli sous forme de regret. Selon lui, dès ce moment, et grâce à sa brillante imagination, la chose fut commentée et racontée ainsi : Marius, devant le conseil de famille assemblé, m'avait demandé ma main dans les termes les plus explicites et avec l'insistance la plus ardente. Lui-même m'avait vivement pressée, ainsi que M. Barthez et même M. Mac-Allan, de couronner l'amour le plus chevalcresque et la flamme la plus pure. J'avais écouté les mauvais conseils de l'abbé Costel et de Frumence. Je ne sais quel rôle Jennie avait joué dans ce drame de famille, mais la rupture venait bien de mon fait; c'était un coup de tête, un caprice d'enfant gâté, et, si je perdais ma cause, je ne devais m'en prendre qu'à moi seule. Telle fut par la suite la version de M. de Malaval avec des variantes, mais toujours la même au fond.

XLVI

Quand il fut sorti avec Marius, la situation se trouva simplifiée. L'incident, généreusement et maladroitement soulevé par M. Costel, eut cela de bon que l'on put reprendre les pourparlers que j'avais besoin de bien connaître. M. Mac-Allan me demanda naturellement si je m'en tenais au refus pur et simple de l'abbé malgré le *scrupule* qui me portait à rompre mes fiançailles. Je trouvai je ne sais quoi d'ironique dans cette insinuation, et je répondis que je demandais le temps de la réflexion quant à la forme et au motif de mon refus.

— Mon parti est déjà pris, ajoutai-je, et je ne changerai pas d'avis pour ce qui me concerne; mais il y a des questions de forme sur lesquelles j'ai besoin de l'avis de mes conseils.

C'était une réponse réservée telle que la souhaitait M. Barthez, à qui je devais cet acte de déférence.

— Je vous laisse avec vos amis, dit M. Mac-Allan en se levant, et je vous demande pardon d'avoir beaucoup insisté pour un premier jour;

mais je vous avoue que je compte insister davantage demain, car il faut que vous me permettiez de revenir demain.

— C'est bien tôt, monsieur, répondis-je.

— Oui, c'est bien tôt, reprit-il, d'autant plus que j'ai un certain temps à mettre au service de ma cause; mais enfin ce temps a une limite, et plus nous en perdrons, plus la solution sera difficile. J'ai d'ailleurs des raisons personnelles pour vous voir souvent, des raisons que je vous dirai peut-être, et qui, j'en fais serment, sont exclusivement dans votre intérêt. Si M. Barthez, ou M. Frumence, ou le docteur, ou tous trois ensemble, veulent m'accompagner demain, j'en serai charmé, car je ne prétends nullement vous persuader à leur insu.

— Les devoirs de ma charge ne me permettront pas de revenir demain, dit M. Barthez, et je crois que M. le docteur est ici un témoin bienveillant, rien de plus. Mademoiselle de Valangis vous recevra, si elle le juge à propos, demain et tous les jours; mais, en qualité d'ami dévoué de sa grand'mère, j'y mets une condition : c'est que vous vous bornerez à lui renouveler vos offres sans exiger qu'elle s'engage par une réponse en mon absence, de même qu'elle me fera une promesse analogue et bien sérieuse de ne rien conclure sans que je sois présent à vos conventions. Je pense que M. Costel, M. Frumence et madame Jennie sont ici d'accord avec moi.

M. Mac-Allan souscrivit avec empressement à cette condition, je m'engageai aussi à l'observer, et l'avocat se retira avec le docteur, après m'avoir demandé l'heure de la seconde entrevue, que je fixai à midi.

M. Barthez, dès que nous fûmes seuls avec lui, s'appliqua à nous ôter le peu d'espérance que nous avions pu conserver, Jennie, Frumence et moi.

— Ne soyez pas dupes, nous dit-il, de l'attitude tranquille et froide que je devais garder vis-à-vis de votre adversaire. Au fond, je crois la position difficile, et le voyage que Jennie parle d'entreprendre est une ressource si précaire, que je ne peux ni le conseiller ni l'accepter comme une espérance. D'ailleurs, il serait plus long et plus inefficace que ne le seront les soins de la justice. C'est moi qui me charge dès aujourd'hui de toutes les recherches nécessaires et possibles ; mais il serait bien téméraire de compter sur un miracle pour refuser des offres qui peuvent être honorables. Tout dépend de la forme et de la cause de ces offres. Ne vous récriez pas, monsieur Costel, et vous, Lucienne, ne préjugez rien. Je ne saisis pas encore les motifs de votre belle-mère pour vouloir acheter si cher votre renonciation à un nom que vous pouvez si bien porter sans lui faire aucun tort. Il y a là-dessous un mystère que nous pénétrerons avec de l'attention et de la patience. Si nous y découvrons quelque chose de blessant pour vous, je serai le premier à vous conseiller la lutte à outrance. Sinon, le devoir de vos amis est de vous engager à réfléchir mûrement, peut-être à transiger quand le moment sera venu.

Frumence se rendit à l'avis de M. Barthez, ce qui ébranla Jennie et M. Costel. Tous deux promirent d'attendre passivement la lumière que Frumence se chargeait de chercher, et que M. Barthez se flattait de deviner.

— Écoutez, me dit Frumence au moment où l'on se sépara, pendant que je vais tâcher d'éclaircir certains doutes que je désire garder pour moi seul, bien que M. Barthez semble les partager, c'est à vous, mademoiselle Lucienne, d'être aussi habile que M. Mac-Allan, et de lui arracher les aveux nécessaires. Il faut que vous sachiez si votre belle-mère vous hait sans vous connaître, et pourquoi elle vous hait.

— Hélas! Frumence, répondis-je, je ne me sens pas habile, et je crains à présent que M. Mac-Allan ne le soit beaucoup trop.

— Trop? Non, reprit Frumence. Le trop d'habileté est la duplicité, et M. Mac-Allan est sincère; mais il n'est pas forcé de l'être au point de trahir le secret de ses clients. Ayez la même habileté que lui, celle de la franchise; mettez-le au pied du mur et faites-lui pressentir que vous ne céderez qu'à des motifs dignes de vous.

— Mais pourquoi donc céder? dis-je à Jennie aussitôt que je me retrouvai en tête-à-tête avec elle. Si je n'ai aucun droit sérieux à faire valoir, je n'ai qu'à subir. Pourquoi me demande-t-on de vendre un nom que l'on dit ne pas m'appartenir? On ne vend que ce qui est à soi : vendre le bien d'autrui est un vol égal à celui de l'usurper. Est-ce que tu comprends, Jennie? Moi, je ne comprends rien à ma belle-mère!

— Moi, qui crois fermement que le nom vous appartient, répondit Jennie, je vois bien qu'on n'espère pas vous en dépouiller si aisément. Mais pourquoi on tient tant à vous l'ôter... Peut-être que je m'en doute. Vous ne savez pas l'histoire de votre père; moi, je la sais, et je devais ne pas vous en faire part. A présent, il faut bien que l'on vous dise tout; autrement, vous feriez fausse route. Dînons, et je vous conterai ça.

XLVII

Depuis la mort de ma grand'mère, nous dînions toujours ensemble, Jennie et moi. Je ne la voulais pas souffrir debout derrière ma chaise, et elle avait consenti, non sans peine, à s'asseoir vis-à-vis de moi. Notre ordinaire était si frugal, que nous nous servions nous-mêmes.

— Savez-vous, me dit-elle quand nous fûmes au dessert, pourquoi votre père était marquis, tandis que sa mère n'était pas marquise?

— Je croyais que ma bonne maman était marquise, et que, par prudence, elle avait laissé oublier son titre sous la Révolution.

— Pourquoi ne l'aurait-elle pas repris ensuite à la Restauration, comme tant d'autres qui avaient gardé l'habitude d'oublier leurs grandeurs sous l'Empire?

— Je ne sais pas, Jennie. Ma bonne maman n'avait pas d'orgueil, voilà tout.

— Votre bonne maman tenait à sa noblesse. Je ne dis pas que ce fût par orgueil; mais tous les nobles tiennent à cela; et, comme elle avait justement un grand respect pour les titres, elle ne voulait pas en prendre un qui ne lui appartenait pas.

— Alors, elle n'était pas marquise?

— Et votre père n'était pas marquis.

— Ce que tu dis là m'humilie. Pourquoi donc alors usurpait-il?...

— Mon Dieu! il était émigré. Il faisait comme tant d'autres qui, n'ayant que leur nom, y ont ajouté un titre à l'étranger, pour faciliter leur établissement. Quand il a épousé votre mère, ce titre lui a servi. Elle n'était pas de grande famille, elle lui a apporté une certaine fortune qu'il a mangée, et il s'est trouvé veuf, pauvre, et toujours soi-disant marquis. Il était très-beau et très-aimable. Il a su plaire à lady Woodcliffe, qui était une riche veuve de grande famille, et dont les parents ont exigé qu'il fît ses preuves. Il ne pouvait pas les faire. Il a écrit à sa mère pour qu'elle obtînt que Bellombre, qui est un ancien marquisat éteint, fût de nouveau érigé en marquisat en sa faveur. Il se serait appelé le marquis de Valangis-Bellombre, ou tout simplement le marquis de Bellombre. Il se figurait cela possible; il avait gardé des idées d'avant la Révolution. Madame n'a pas seulement voulu l'essayer. Elle trouvait ça ridicule, car elle n'avait aucun lien de parenté avec les anciens seigneurs de Bellombre, et tout ce qu'elle pouvait faire valoir auprès des Bourbons, c'est que ses deux frères avaient été tués par Bonaparte dans le parti des Anglais. Madame ne voulait pas rappeler cela. Elle avait les idées de son mari, qui était, disait-elle, un peu patriote; et puis elle disait encore que les bons noms se passent de titre et qu'elle n'avait pas besoin de se faire anoblir, étant aussi noble que qui que ce soit en Provence. Le mariage de son fils avec lady Woodcliffe a eu lieu malgré l'opposition de la famille de cette dame; lady Woodcliffe aimait votre père. Cependant il paraît qu'elle s'est repentie de l'avoir épousé : il dépensait beaucoup, et, s'il ne l'a pas ruinée, c'est qu'elle a pris le dessus et l'a tenu un peu sévèrement. C'est une maîtresse femme, à ce qu'il paraît; mais elle n'a jamais pu se faire appeler marquise par ses nobles parents, qui lui reprochaient de s'être mésalliée, et elle n'a jamais pardonné à madame de n'avoir pas fait sa volonté. Elle a refusé de venir la voir, et elle est la cause que votre père n'a jamais osé vous reconnaître ouvertement. A présent je devine ce qu'elle veut; votre père l'avait assez donné à entendre dans ses lettres. Elle veut que son fils aîné soit marquis; elle veut obtenir cela du roi de France, elle n'y épargnera pas l'argent. Elle veut que Bellombre devienne son fief, et, quand elle y sera parvenue, elle se pardonnera à elle-même d'avoir été jusqu'à présent madame de Valangis tout court. Voilà pourquoi elle vous offre beaucoup d'argent pour vous évincer d'ici. Elle s'imagine que, si vous vous mariez avec votre nom de Valangis et votre propriété de Bellombre en dot, le marquisat pourra être obtenu par votre mari. Je ne peux m'expliquer autrement sa conduite.

— Tu as sans doute raison ; mais cette femme n'est-elle pas un peu folle ?

— Eh ! mon Dieu ! est-ce que, pour expliquer la moitié des choses de ce monde, il ne faut pas admettre que c'est la folie qui en est cause ? Voilà pourquoi on doit être raisonnable soi-même et patient avec les esprits malades.

— Oui, ma Jennie, tu dis vrai. Cela me fait penser à te dire que je pardonne à ton mari. Ah ! quand je songe que, sans lui, je ne t'eusse jamais connue, je suis prête à le remercier de tous les embarras qu'il nous cause aujourd'hui.

Jennie m'embrassa.

— Je vous y ai trop laissée, dans ces dangers où vous voilà, me dit-elle. Peut-être que, si j'avais sacrifié mon mari, nous aurions aujourd'hui des preuves.

— Tu as fait ton devoir, et je t'en estime mille fois davantage. Tiens, vois-tu, Jennie, j'ai été bouleversée ce matin, quand j'ai rencontré cet Anglais; mais, depuis que j'ai entendu lire ton histoire et la mienne, j'ai bien du courage, va! Ah! plût au ciel que je fusse ta fille! j'en serais fière.

— Ne dites pas cela! vous ne seriez pas la petite-fille de votre bonne maman!

— C'est vrai, je lui dois de tenir à son nom, qu'elle m'a rendu avec tant de confiance, et tout mon orgueil doit être d'appartenir à cet ange de bonté. Quant aux titres, je m'en moque comme elle s'en moquait.

— Bien; mais son nom doit vous être sacré: vous ne pouvez pas le vendre. Qu'on vous l'arrache si on veut et si on peut, mais qu'il ne soit pas dit qu'on vous l'a acheté!

— Ah! ma chère Jennie, m'écriai-je, tu as lu dans mon cœur; voilà mon intention bien arrêtée, et, si je n'ai pas maltraité M. Mac-Allan comme l'a fait l'abbé Costel, c'est parce que je ne veux pas avoir l'air d'agir avec dépit et de provoquer des scandales. Et puis il faut absolument, Frumence l'a dit et il a raison, que je découvre pourquoi l'on me persécute.

— Si on vous hait, c'est à cause de votre grand'-mère, dont on n'a pas pu se venger pendant sa vie; mais je ne vois pas encore la persécution: ce n'est qu'une affaire de vanité. On aura su que vous deviez épouser Marius.

— Comment l'aurait-on su? C'était un secret entre nous jusqu'à présent, puisque la lettre destinée à mon père n'a pas été envoyée.

— Ah! voilà! Il y a quelqu'un dans le pays qui épie, qui rapporte, qui arrange peut-être tout ce qui se fait ici. Cela se voyait bien dans les lettres de votre père à madame, et madame s'en tourmentait. M. Barthez, qui a toutes les lettres, en sait peut-être plus long là-dessus qu'il ne veut encore nous le dire.

— Tu as raison. Il faut que quelqu'un ait écrit là-bas du mal de moi, et peut-être qu'on me juge indigne de porter le nom qu'on porte soi-même!

— Il ne faut pas croire cela, dit Jennie. Quel mal peut-on dire de vous?

Jennie était optimiste; c'était le sublime défaut de cette généreuse nature si éprouvée et toujours si sereine. Elle réussit à me distraire de mon inquiétude et à me faire participer au calme étonnant qui résidait en elle. Ce calme semblait augmenter aux heures de crise, et, si elle avait des élans d'enthousiasme ou d'indignation, c'était pour se remettre à l'œuvre, l'instant d'après, dans sa voie de patience et d'activité.

— Mais que penses-tu de Marius? dis-je en souriant, à Jennie, pendant qu'elle me coiffait pour la nuit.

— Marius? Je ne veux pas en parler, répondit-elle.

— Ah! de ta part, voilà un blâme bien sévère.

— Ne me faites rien dire.

— Si fait. Est-ce qu'il ne te semble pas que Marius, élevé par ma grand'mère et lui devant tout, était obligé de faire la folie de m'épouser?

— Vous ne lui avez pas donné le temps de vaincre un peu de lâcheté. Si vous aviez dit : « Marius, je compte sur toi, » il n'aurait pas osé démentir l'abbé. L'abbé a été imprudent. On a mal pris ce jeune homme.

— Ah! tu voudrais que j'eusse attendu ses réflexions et ranimé son courage?

— Vous en demandez trop : prenez garde de n'être jamais heureuse! Voulez-vous que tout de suite, comme cela, on comprenne son devoir et on le fasse?

— As-tu jamais hésité devant le tien, Jennie? et ne m'as-tu pas appris à marcher vite et droit comme tu marches?

— Tout le monde n'a pas la vue bonne et le mouvement prompt; ne condamnons pas encore cet enfant : qui sait s'il ne se repent pas ce soir, et s'il ne reviendra pas demain vous dire qu'il veut vous sauver?

— Ah! Jennie, je demande à Dieu de ne point

lui inspirer ce bon mouvement! je serais peut-être forcée de l'accepter, puisque c'est un devoir pour moi de sauver des outrages le nom que ma grand'-mère m'a transmis.

— Voyons, Lucienne, est-ce le dépit qui vous fait parler? Soyez franche, est-ce que c'est bien arrêté que vous n'avez plus d'amitié pour Marius?

— De l'amitié, si fait, j'en ai encore. Je lui pardonne d'être égoïste et peureux. Je l'estime quand même à d'autres égards... Mais...

— Mais quoi? Vous ne l'aimez pas d'amour, je le sais bien, et il m'a toujours semblé que vous ne vouliez pas connaître l'amour.

— Je désire, en effet, ne pas le connaître. C'est un sentiment exalté que je crains... Mais...

— Mais quoi encore?

— Ah! Jennie, je ne sais pas; il me semble qu'il y a amitié et amitié. Il me semble que, si tu n'as pas d'amour pour Frumence...

— Je n'en ai pas.

— Soit! mais ton amitié pour lui est une confiance absolue dans son caractère, et cette amitié-là doit être bien douce!

— Oui, c'est une bonne chose; mais vous rencontrerez bien peu de caractères comme Frumence. Il est peut-être seul de son espèce. Songez donc qu'il n'a pas vécu comme un autre, et qu'il n'a pas eu de tentations. Il n'a rien à voir dans le monde, le monde ne viendrait pas au-devant de lui. Votre cousin, que je ne veux pas vous voir épouser par respect humain, mais qui mérite peut-être de rester votre ami, est entouré d'exemples d'ambition, de mauvais conseils peut-être...

— Parlons de Frumence. Pourquoi n'as-tu pas d'amour pour lui ?

— Et pourquoi voulez-vous que j'aie de l'amour, vous qui condamnez l'amour comme une folie ? Souffrez, petite, que je sois aussi raisonnable que vous.

Il se faisait tard, j'étais fatiguée, et je savais que, sur certains sujets de conversation, l'épanchement de Jennie se fermait comme un livre.

XLVIII

Le lendemain, à midi, je fus étonnée de voir arriver M. Mac-Allan à pied.

— Je ne viens pas de Toulon, me dit-il. J'ai pensé que ce serait trop loin pour conférer souvent avec vous et que je perdrais mes heures et mes yeux dans la poussière des chemins. J'ai accepté le seul gîte qui existe dans votre voisinage et l'hospitalité du docteur Reppe.

Un léger froncement du sourcil de Jennie me fit comprendre que notre adversaire s'était placé sous la main d'un ami bien froid, lequel avait une amie bien peu sûre. Instinctivement, je demandai à M. Mac-Allan s'il avait fait connaissance avec madame Capeforte.

— Oui, me répondit-il sans hésiter. Pour mes péchés, j'ai passé ma soirée avec cette personne mielleuse et son étonnante fille.

— En quoi trouvez-vous Galathée étonnante?

— En tout; mais ce n'est pas pour parler d'elle que je viens vous importuner de ma visite, c'est pour me mettre à vos ordres.

Jennie sortit sans affectation. Elle espérait que, seul avec moi, M. Mac-Allan me révélerait plus volontiers ce que Frumence m'avait conseillé de lui faire avouer; mais j'avais affaire à forte partie, et j'étais incapable de diplomatie. L'impénétrabilité de M. Mac-Allan était à l'abri de toute insinuation comme de toute sommation, et le pis, c'est qu'il semblait ne mettre aucune finesse dans son jeu.

— Pourquoi, me dit-il après bien des questions inutiles de ma part, voulez-vous pénétrer les motifs de la marquise de Valangis? Je n'ai pas mission de m'en expliquer avec vous. Nous devons nous placer, vous et moi, vis-à-vis d'une situation donnée, et, comme je ne me permets pas de vous demander compte de vos sentiments et de vos idées sur ma cliente, je ne me vois pas obligé de vous parler d'elle autrement que comme d'un fait qui s'oppose à l'avenir que vous aviez rêvé.

Je lui objectai en souriant que ce n'était pas là ce qu'il m'avait promis en se vantant de venir prendre mes ordres.

— J'avais compté, répondit-il, que vous ne m'en donneriez pas de contraires à mon mandat. On est entraîné à la confiance avec une personne comme vous. En me mettant à votre disposition, je n'ai pas cru m'exposer au danger de trahir mon devoir.

— Et j'espère que vous ne vous êtes pas trompé; mais, moi, j'aurais cru que votre devoir était de me dire la vérité. Venez-vous à moi comme un messager de paix pour me dire : « Croyant que vous n'avez pas le droit d'hériter à notre place, nous avons pitié de votre dénûment, et, par respect pour l'affection que vous portait madame de Valangis, nous vous offrons des moyens d'existence ? » Ou bien, venez-vous, du haut de votre orgueil et de votre dédain, me dire ceci : « Nous voulons nier vos droits, et, pour nous épargner la peine d'un combat, nous payons à tout prix votre désistement, sans nous soucier de votre passé plus que de votre avenir ? »

— Il me semble, répondit Mac-Allan, que la première version est la bonne, puisque c'est à peu près dans ces termes que je compte rédiger nos conventions, si vous les acceptez.

— Vous dites que c'est la bonne interprétation : pouvez-vous me jurer que ce soit la vraie?

— Et vous, mademoiselle, pouvez-vous me jurer que, si c'est la vraie, vous n'aurez pas d'objection à faire à mes offres ?

— Vous savez que je ne puis vous répondre sans l'aveu de mes conseils.

— De même que je ne puis vous répondre sans un engagement de votre part.

— Je vois bien, lui dis-je, que nous tournons dans un cercle vicieux et que vous vous jouez de ma simplicité. Ce n'est pas une bien belle victoire, monsieur Mac-Allan ! Vous avez dû faire des choses plus glorieuses et plus difficiles en votre vie ! Eh bien, je vais vous dire ce que je pense de la situation. Non-seulement je suis un obstacle à des projets que j'ignore, mais encore, pour des raisons que j'ignore également, on rougit de m'appartenir, et il me semble que, si j'acceptais,... si j'accepte vos offres, on triomphera de mon abaissement et de ma cupidité.

J'avais parlé avec plus d'émotion que je ne m'étais promis d'en montrer. M. Mac-Allan m'observait, et je ne pouvais lui cacher ma révolte intérieure. Je retirai ma main qu'il voulait prendre, et la surprise qu'il en témoigna m'étonna et me blessa un peu.

— Voyons, dit-il, — et il me semblait un peu ému lui-même, — je vois bien que vous n'acceptez pas. Prenez huit jours pour écouter M. Barthez, qui désire vous voir accepter.

— Vous ne savez rien, monsieur, des vues de M. Barthez.

— Pardonnez-moi. M. Barthez est ferme, loyal, prudent et assez fort; mais sa conscience parle haut, et il n'y a que les gens sans foi ou sans entrailles qui sachent cacher leurs impressions à un œil attentif. M. Barthez sait bien que vous êtes désarmée devant la loi, et il s'inquiéterait de votre vivacité, s'il était ici. Moi, je vous quitte pour que vous ne brûliez pas imprudemment vos vaisseaux.

— Eh bien, ce que vous faites là n'est ni brave ni bon, lui dis-je sans me déranger pour recevoir son salut. Vous m'abandonnez huit jours à d'inutiles anxiétés, quand, dès à présent, vous pourriez me placer en face de ma propre conscience. J'ai certainement un devoir à remplir. Il n'est pas de situation sérieuse qui ne nous impose une sérieuse obligation. Pourquoi faut-il que j'ignore la mienne, quand je ne demande qu'à la connaître et à la remplir! Suis-je un enfant inepte pour signer mon abaissement ou ma ruine sans savoir ce que je fais? Faudra-t-il que, cédant aux conseils de la prudence mondaine, je reçoive de l'argent pour perdre mon nom, ou que, me fiant à mes instincts de fierté, je lutte, pour le garder, contre des inimitiés mystérieuses, peut-être implacables? Quoi! je ne saurai rien, et ce sera un texte de loi pour ou contre moi qui disposera de ma raison et de ma conscience? Non! je ne suis plus une enfant. Depuis hier surtout, il me semble que j'ai la force et le courage d'une personne mûre. Dites-moi qu'au nom de l'honneur on me demande je ne sais quel grand sacrifice, je me sens capable de l'accomplir; ou que, par suite de je ne sais quelle haine, on veut me fouler aux pieds, je me sens l'énergie de tout braver; mais ne me dites pas que je suis en péril et que, pour me sauver, j'ai le choix entre la honte et la misère, car je ne vois pas que j'aie mérité l'une, et je ne suis pas d'humeur à supporter l'autre.

— Eh bien, mademoiselle Lucienne, dit M. Mac-Allan, visiblement touché de ma détresse, je ne vous conseille plus d'attendre huit jours, je vous demande de me les accorder. Je vais faire mon possible pour modifier la douloureuse position qui vous est faite, et j'espère revenir officiellement avec des paroles que vous pourrez agréer.

— En huit jours, lui dis-je, vous n'aurez pas reçu ici, au bout de la France, une réponse d'Angleterre.

— C'est possible, mais j'aurai écrit, et, quand j'aurai écrit, je me servirai peut-être de mes pleins pouvoirs. Avant que je vous quitte, voulez-vous me permettre de voir un lieu très-étrange et très-pittoresque que l'on m'a dit faire partie de l'enclos de Bellombre ?

— C'est la Salle verte, lui répondis-je. Je vais vous y conduire ; car il y a beaucoup d'eau en ce moment, et l'endroit est dangereux pour qui ne le connaît pas.

— Non, permettez-moi de prendre un guide.

— Vous n'en trouverez pas à cette heure-ci.

— Alors, je dois renoncer... Croyez qu'il me faut du courage, car une promenade avec vous est une vive tentation pour moi ; mais vous me trouveriez bien grossier si j'acceptais, n'est-ce pas ?

— Nullement, puisque je m'offre à vous conduire.

— Alors, je cède.

XLIX

Chemin faisant, M. Mac-Allan, qui avait un superbe chapeau de paille ingénieusement garni de tout ce qui peut préserver un Anglais du soleil méridional, s'étonna de me voir en plein midi braver cette fournaise.

— J'ai remarqué, ajouta-t-il, que, dans les pays chauds, les cheveux noirs prennent un ton brûlé qui en atténue la dureté. Dans le Nord, les brunes sont généralement sans expression et comme qui dirait incolores. Ce sont des statues pâles qu'on a coiffées de velours ou de satin noir. Vous autres, filles du soleil, vous avez de l'or répandu partout.

— C'est une allusion à ma mèche de cheveux blonds, n'est-ce pas, monsieur Mac-Allan ?

— Non, sur l'honneur, je n'y songeais pas. Je ne songeais qu'à admirer votre tête crêpelée, et je peux vous dire cela sans fadeur, puisque je vous parle naïvement, je vous trouve extraordinairement belle, mademoiselle Lucienne.

Je regardai M. Mac-Allan avec surprise. A quel propos me faisait-il ce compliment déplacé ? C'était un homme singulier que cet Anglais et très-différent de la plupart de ses compatriotes. Les pays maritimes font passer beaucoup de types étrangers sous les yeux. J'avais donc des points de comparaison dans la mémoire, et je ne retrouvais rien en lui des manières roides et de la physionomie froide qui contrastent si fortement avec notre vivacité méridionale. Il avait tant de souplesse et de grâce, qu'on eût pu lui reprocher de manquer à la dignité britannique. Sa figure était charmante, et ses traits fins eussent appartenu au type grec, si sa lèvre supérieure, un peu distante du nez, n'eût, en dépit de tout, révélé sa race. Il était coiffé et rasé avec un soin extrême ; son linge, éblouissant de blancheur, n'empêchait pas ses mains de paraître aussi blanches que celles d'une femme recherchée. Il avait le pied extraordinairement petit et chaussé de maroquin si mince qu'il eût pu aller au bal ainsi. Enfin il y avait dans toute sa personne quelque chose d'aristocratique et de délicat qui devait me faire paraître très-inculte et très-rude à côté de lui.

Ce n'est pas que je fusse grande ou massive. J'étais bien de mon pays pour la finesse des lignes, mais j'étais brune comme une Moresque, mes cheveux étaient rebelles à toute contrainte, je ne portais pas de gants, — je savais écarter adroitement les branches sans saisir les épines, — et mes vêtements n'avaient rien qui pût dissimuler l'austérité de mon deuil.

L'air ému et un peu ravi avec lequel M. Mac-Allan me contemplait me parut étrange et suspect. Selon moi, il ne pouvait pas m'admirer tant que cela. Était-ce un homme à succès ou à prétentions, qui essayait de me faire la cour, ou un observateur malicieux qui voulait connaître, en stimulant ma vanité féminine, le défaut de ma cuirasse ?

Il vit qu'à mon tour je l'observais, et, se prenant à sourire, ce qui dissimulait le défaut de sa lèvre et découvrait ses dents blanches :

— Ne me regardez pas avec cet air de méfiance, me dit-il. Vous avez quelquefois des yeux terribles dont on aurait peur, si on ne tenait compte de la pureté de vos sourcils et de l'ombre douce de vos paupières. Voyons! ce ne sont pas là des madrigaux français; vous savez bien que vous êtes ce que vous êtes, et c'est la millième fois que vous voyez un passant rendre hommage à votre beauté.

— Monsieur Mac-Allan, lui répondis-je, je n'entends pas les réflexions des passants, je n'affronte pas leurs regards, et il n'est personne de ma famille, de mon entourage ou de mon intimité qui m'ait jamais dit que je fusse belle.

— On est donc aveugle dans ce pays-ci?

— Ici, comme partout, on est très-respectueux avec les jeunes filles qui se respectent.

— Vous me donnez là une leçon que je ne mérite pas. Rien au monde ne m'inspire plus de respect que la beauté. J'ai été en Italie et en Grèce, rien que pour voir les types les plus purs de l'art et de la nature. Prenez que je suis un pédant qui parle à tort et à travers de ses engouements d'artiste, mais ne voyez en moi qu'un spectateur désintéressé qui vous dit : « Vous êtes belle, » comme il vous dirait : « Vous êtes bien éclairée par le soleil. »

— Puisque je suis bien éclairée, repris-je en l'observant toujours avec sévérité, dites-moi si je ne ressemble pas à mon père?

Il cacha vite un peu de dépit.

— Je ne pensais pas au marquis de Valangis, répondit-il; mais, puisque vous voulez que j'y pense et que je vous dise... Non, vous ne lui ressemblez pas, mais pas du tout!

Ce fut à mon tour de cacher mon désappointement, et ce ne fut pas difficile. Nous arrivions à l'entrée dangereuse de la Salle verte. Je passa devant lui.

— Profitez, lui dis-je, de ce que le soleil éclaire si bien; faites ce que vous me voyez faire. Mettez votre pied droit d'abord ici, votre main droite à cet anneau de fer où je mets la mienne; ne le lâchez que quand votre main gauche aura saisi la branche que je tiens. N'ayez pas de distraction et comptez, en cas de glissade, sur vos mains plus que sur vos pieds.

Je passai lestement comme quelqu'un qui en a l'habitude, et M. Mac-Allan me suivit en souriant. Il fut ravi de la Salle verte et parut d'abord ne songer qu'à en admirer la fraîcheur et le pittoresque; mais je vis bien qu'il examinait la localité comme un juge d'instruction qui procède à une enquête.

— Je sais à quoi vous pensez, lui dis-je. Vous n'êtes pas sans avoir ouï dire que c'est ici que j'ai été ramenée à ma grand'mère, et vous vous demandez comment une femme âgée a pu y descendre. Il m'est très-facile de vous le dire. Quand l'eau est basse, on marche sur le sable, et on vient par le sentier très-praticable que vous voyez en face.

— Je vous remercie de ce renseignement, répondit Mac-Allan avec calme, et j'en veux profiter dans l'intérêt de la vérité. Si vous le permettez, je vais lever à vue d'œil le plan de cette localité.

Il tira un carnet de sa poche et y traça rapidement quelques lignes, après quoi il reprit :

— On m'avait dit cet endroit à peu près inabordable. Je vois qu'on m'avait trompé; il est fort beau. Voulez-vous me permettre d'y cueillir une fleur?

— Certainement oui, bien que je ne comprenne pas quel rapport cela peut avoir avec votre expertise.

— Cela, dit-il en mettant la fleur dans son carnet, c'est autre chose; c'est un souvenir.

— Un souvenir de quoi?

— Un souvenir de vous. Vous plaît-il de me dire le nom de cette plante?

— C'est un muflier sauvage.

— Mais son nom scientifique? On m'a dit que vous étiez botaniste; vous plaît-il d'écrire ce nom sur mon carnet?

— Vous voulez connaître mon écriture? Comme je n'ai jamais rien écrit que je puisse désavouer, je n'hésite pas à vous satisfaire.

J'écrivis le nom latin de la plante, et il me pria d'y ajouter la date.

Il souriait toujours, et il y avait dans ce sourire quelque chose d'implacablement tranquille qui m'irritait. Il se mit à causer, me questionnant avec aisance sur les productions et les particularités du pays, sur les beautés de la campagne environnante, et même sur mes goûts et mes occupations. Il avait l'air de vouloir gagner du temps en s'occupant de toute autre chose que d'affaires, et je crus devoir me prêter à satisfaire sa curiosité feinte ou réelle, car j'étais l'objet principal de son examen, et je voyais bien qu'il voulait établir à tous égards son opinion sur mon compte.

— Comment se fait-il, s'écria-t-il un peu inopinément, que M. Marius de Valangis ait hésité à faire son devoir envers vous?

— Marius n'a pas de devoirs envers moi, répondis-je.

— Oh! pardonnez-moi, ne fût-ce que pour avoir été agréé par vous quand vous vous êtes crue riche! J'ai envie de le mépriser, ce joli garçon!

— Et moi, je vous le défends, monsieur. Vous oubliez...

— La *parenté?* Oui, je l'oublie toujours, et je vous en demande pardon; mais pourquoi le défendez-vous?

— Parce qu'il n'a eu aucun tort envers moi, que je sache. C'est moi qui ai rompu nos fiançailles.

— Vous avez eu tort. Vous ne l'aimez donc pas?

— Voilà une question indiscrète, monsieur Mac-Allan.

— Je vous jure qu'elle ne l'est pas dans ma pensée. Ah! que vous avez tort, pauvre enfant, de vous méfier de moi! . . . .

Cette exclamation eut un accent si sincère et si sympathique, que je craignis d'être injuste en me tenant sur mes gardes. Je lui répondis que je n'avais jamais eu pour Marius que des sentiments d'amitié fraternelle et que je ne comptais pas les lui retirer.

— A-t-il des défauts qui s'opposent à un sentiment plus complet? reprit Mac-Allan. N'est-il pas soupçonneux, jaloux ?

Je ne pus répondre que par un léger éclat de rire que je ne fus pas maîtresse de retenir.

— Je vois qu'il ne l'est pas, dit l'avocat un peu étonné. Dès lors, laissez-moi vous dire que, si vous étiez une fille prudente, jalouse de considération et de sécurité, vous eussiez dû le retenir hier, au lieu de l'abandonner à sa couardise et à son ingratitude.

— Épargnez à la conduite de mon cousin des épithètes que je ne lui applique pas, et soyez assuré que je ne suis pas une personne assez *prudente* pour accepter des sacrifices désastreux. Si je dois tout perdre, je ne veux envelopper personne dans ma disgrâce.

Nous étions remontés à la prairie, et nous vîmes de loin Frumence qui se promenait avec Jennie sur le sentier.

— A propos, reprit Mac-Allan, M. Frumence,

votre ami... car il est votre meilleur ami, n'est-ce pas?

— Peut-être, monsieur, répondis-je ingénument.

— Eh bien, pourquoi n'épouse-t-il pas mademoiselle Jennie, dont on le disait très-épris?

— Parce que Jennie a ajourné sa résolution jusqu'à la solution de mes affaires.

— Jennie l'aime?

— Jennie l'estime sérieusement.

— Elle a bien raison. Quel excellent et digne jeune homme! Et même quel esprit supérieur, on peut dire! N'est-ce pas votre avis?

— C'est mon avis, comme le vôtre.

— Je sais qu'il vous a élevée, et je me demande qui, du maître ou de l'élève, a réagi sur l'autre.

— Comment un enfant pourrait-il réagir sur un professeur aussi capable et aussi sérieux?

— On dit qu'il vous aime à l'adoration.

— Je trouve le mot exagéré.

— Je l'entends dans un sens tout paternel, et je m'étonne qu'il vous blesse.

Je me sentis rougir. M. Mac-Allan avait fait allusion sans le savoir au roman de mon enfance, à cette passion que j'avais gratuitement attribuée à Frumence et dont je m'étais si sottement émue; mais, comme ce roman n'avait jamais eu d'autre confident que moi-même, je vis bien que j'avais eu tort de me scandaliser du mot *adoration*, et je crois que je rougis encore davantage.

M. Mac-Allan eut l'air de ne pas s'en apercevoir, et il ajouta :

— Il peut bien m'arriver d'employer en français des expressions dont je ne connais pas toute la portée. Je regrette que vous n'aimiez pas l'anglais et que vous n'ayez pas voulu l'apprendre ; nous nous serions entendus beaucoup plus vite.

Je lui demandai en bon anglais pourquoi il m'attribuait ce mépris pour sa langue et le refus de la parler avec lui.

Sa surprise augmenta, et nous parlâmes anglais presque toujours à partir de ce moment. Il trouva que je le savais et que je le prononçais bien, et, quand je le priai de me dire où il avait puisé tant de fausses notions sur mon compte, il feignit de ne pas se le rappeler.

— N'est-ce pas madame Capeforte qui vous a parlé de moi comme d'une personne volontaire et un peu bizarre ?

— C'est possible, répondit-il légèrement ; je n'en sais trop rien. Cette dame parle beaucoup, et je ne l'écoute pas avec assez de plaisir pour noter tout ce qui peut venir d'elle.

— Il faudra l'écouter mieux, repris-je, puisque vous allez retourner chez le docteur Reppe.

— Vous ai-je dit cela? Eh bien, oui, je compte y demeurer tout le temps de mon séjour ici. Est-ce que cela vous inquiète?

— Non, cela me rassure, au contraire.

— Je suis content de votre réponse, et j'en prends bonne note.

— Comme de tout le reste?

— Oui, répondit-il après une très-légère hésitation que je lui fis remarquer; mais Jennie et Frumence venaient à nous, ce qui le dispensa de s'expliquer davantage.

L

Frumence avait l'air plus sérieux que de coutume. Il prit sur lui de se montrer à M. Mac-Allan dégagé de toute préoccupation, et Mac-Allan, engageant la conversation avec Jennie comme s'il eût été un visiteur ordinaire, passa un peu devant nous.

— Eh bien, me dit Frumence, que savez-vous des dispositions de l'ennemi?

— Rien! Croyez bien que nous ne confesserons

pas cet Anglais. Je pressens seulement une chose : c'est que madame Capeforte s'occupe de lui faire de moi un portrait peu fidèle.

— Et ce n'est pas d'hier, reprit Frumence, qu'elle se livre à cette occupation.

— Était-elle donc en correspondance avec M. Mac-Allan avant qu'il vînt ici?

— Avec lui ou avec lady Woodcliffe, peu importe.

— D'où savez-vous cela?

— Je ne le sais pas, je le devine, et je voudrais qu'il en eût été ainsi.

— Parce que?

— Parce que les préventions qu'on a pu faire naître contre vous se dissiperaient vite, si elles ne sont déjà dissipées dans l'esprit de M. Mac-Allan. Ne craignez donc pas de vous montrer à lui telle que vous êtes.

— Avez-vous en lui une confiance absolue, Frumence?

— J'ai besoin de le connaître un peu plus pour répondre au mot d'absolue confiance. Retenez-nous à dîner tous les deux. Jennie vous aidera à rendre l'invitation toute naturelle et comme improvisée.

— Je ferai ce que vous conseillez; mais dites-moi donc ce que j'ai pu faire de mal dans ma vie pour qu'on ait trouvé du mal à dire de moi.

— Vous n'avez jamais su ce que c'était que le mal; comment l'auriez-vous commis? Aussi votre réhabilitation me paraît bien facile, et, si cet Anglais n'est pas le plus vil des hommes et le dernier des hypocrites, c'est lui qui s'en chargera.

Nous arrivions au manoir, où M. Mac-Allan voulut prendre congé en voyant le dîner servi. Il n'était que trois heures; nous avions conservé, Jennie et moi, les habitudes de ma grand'mère. Jennie avait mis quatre couverts, et elle fit observer à Mac-Allan que le sien était du nombre. Il se défendit peu, il avait visiblement le désir d'accepter. J'insistai brièvement en lui disant que l'hospitalité ne se refusait pas dans notre pays.

— Puisque vous invoquez la coutume, répondit-il, je mets sur votre conscience le délit d'indiscrétion que vous me faites commettre.

Et il s'assit à ma droite, à la place que je lui désignais. Il mangea délicatement comme une femme; mais il loua tous les mets en bon appréciateur du bien-être, et il complimenta Jennie agréablement sur le service et les friandises. Il parlait bien sur toutes choses, et il avait l'humeur enjouée. C'était la première fois depuis la mort de ma grand'mère qu'un peu de gaieté discrète éveillait les échos endormis de notre maison en deuil.

Mais cette aimable causerie, qui coûtait si peu à un homme du monde comme M. Mac-Allan, ne pouvait guère nous éclairer sur ses intentions secrètes. Il éluda merveilleusement toute préoccupation d'affaires, et Frumence, renonçant à pénétrer sa pensée, amena l'entretien sur des sujets sérieux, dans l'espérance que j'y trouverais l'occasion de montrer l'élévation des idées et des sentiments qu'il s'était appliqué à développer en moi. Ceci me troubla, et une voix secrète m'avertit que le meilleur rôle à jouer en cette occasion pour une jeune fille était de garder le silence. Seule avec mes amis, je ne craignais pas de leur paraître pédante : je parlais, je questionnais, et au besoin j'essayais de me prononcer sur tous les sujets à ma portée, et même sur ceux que j'aspirais à comprendre; mais devant un étranger je craignis de faire montre de mon petit savoir, et, bien que provoquée à plusieurs reprises et assez ouvertement par Mac-Allan lui-même, je me bornai à écouter sans vouloir trancher sur rien. J'aurais pu être moins réservée sans impertinence, car j'étais sincère en tout et jamais on ne m'avait chapitrée sur mes besoins d'expansion ; mais je me sentais observée et ne voulais pas paraître y prendre plaisir.

Quand on se leva de table, M. Mac-Allan, en m'offrant son bras pour passer au salon, me fit un vif éloge de l'instruction étendue et solide de Frumence.

— Je ne sais si je manque à mon mandat, ajouta-t-il gaiement ; mais je me sens si à l'aise et si heureux chez ma *partie adverse,* que j'y voudrais passer ma vie. Je ne me souviens pas d'avoir fait un repas plus agréable que dans cette maison fraîche et aérée, avec cette mer brillante au loin, et cet énorme paysage brûlant devant les yeux, en compagnie de trois personnes évidemment supérieures chacune en son genre. Madame Jennie me représente le type de tout ce que l'on peut trouver de cordialité, de dévouement, d'esprit naturel, de bon sens et de droiture dans la meilleure région du peuple de France. Son fiancé, car il est bien son fiancé, n'est-ce pas? est un véritable philosophe et un rare esprit. Je n'ai jamais rencontré de sagesse plus solide avec une simplicité de mœurs et une candeur plus originales. Quant à vous, mademoiselle Lucienne, je n'ose plus vous dire ce que je pense de vous, tant je crains de blesser votre modestie.

— Pour le coup, lui répondis-je en riant, vous n'êtes pas sincère, vous! Jusqu'à présent, je vous écoutais apprécier mes amis comme ils le méritent, et je prenais une haute opinion de votre jugement; mais, si vous trouvez un compliment à me faire, à moi qui n'ai pas dit trois paroles, je vois bien que vous ne songez ici qu'à vous moquer de nous, et je trouve cela ingrat et cruel envers de bonnes gens qui vous ont accueilli de leur mieux.

— Écoutez! s'écria M. Mac-Allan en s'adressant avec vivacité à Frumence, qui venait nous rejoindre, mademoiselle de Valangis me fait beaucoup de peine; elle s'imagine que je ne l'ai pas encore devinée.

— Devinée? dit Frumence. Devine-t-on une personne qui n'a jamais eu rien à cacher, et qui, par goût, par caractère, ne cache jamais rien?

— Ah! je vous demande pardon, reprit Mac-Allan. Elle cache son instruction, son esprit, sa réelle supériorité sous cette timidité charmante qu'on ne s'attend pas à trouver chez une personne de son mérite, et qui est une grâce féminine des plus exquises. Voyons, l'ai-je devinée?

— Oui, répondit Frumence, et c'est à cause de cela que vous lui avez enfin donné son nom, sans marchander davantage avec les égards qui lui sont dus.

— Mademoiselle de Valangis, reprit Mac-Allan, à qui mon nom de famille avait certainement échappé sans qu'il en eût conscience, mais qui ne se déconcertait jamais devant ses propres entraînements, — je ne m'engage en rien en vous donnant le nom que vous avez l'habitude d'entendre. Je sais qu'il est de bon goût de donner encore le titre de sire aux majestés détrônées. Je suis un Anglais protestant; mais, quand j'entre dans un temple catholique, je me découvre devant la Divinité qu'on y révère, certain qu'à travers tous les cultes, elle a droit aux mêmes hommages. Vous m'avez dit une parole amère tout à l'heure, vous avez supposé que mon admiration et ma sympathie pour vous étaient jouées; j'en appelle à votre ami : croit-il cela possible?

— Non, dit Frumence, qui plongeait, comme une épée, le regard de ses vastes yeux noirs dans le bleu clair et pur des yeux de Mac-Allan. Il y avait comme un défi de sincérité échangé entre ces deux physionomies si différentes, l'une si séduisante, l'autre si mâle. Il me sembla qu'elles se disaient l'une à l'autre : « Je vous briserai si vous me trompez! »

Tout à coup, Mac-Allan, qui avait affronté la fierté de Frumence, se déconcerta devant la mienne; car je ne me sentais pas touchée de ses éloges, et il n'y avait pas en moi la moindre ivresse de coquetterie. Il changea de couleur et se plaignit d'avoir froid, tout en disant qu'il admirait l'art avec lequel nous savions conserver la fraîcheur dans nos maisons.

— Si vous sentez trop de frais, lui dit Frumence, le remède n'est pas loin. Faisons trois pas dehors, vous serez bientôt remis.

Ils sortirent ensemble, et, comme ils causaient avec une certaine animation dans le parterre, Jennie dut leur porter le café sous le pittospore de Chine où une petite table servait quelquefois à nos collations.

— Est-ce que mademoiselle de Valangis ne va pas venir? lui dit Mac-Allan assez haut pour que, du salon où j'étais restée, je pusse l'entendre.

— Non, répondit Jennie, mademoiselle ne prend pas de café.

— Tant pis! reprit Mac-Allan.

Et il s'assit avec Frumence, qui n'était pas fâché de le tenir tête à tête.

Je crus devoir les y laisser, et je m'occupai avec Jennie des soins de l'intérieur. Ce n'était plus un plaisir pour nous, car nous ne savions plus si nous ne dirions pas adieu à tout ce qui constituait notre bien-être; mais nous l'entretenions respectueusement, ne voulant pas commencer nous-mêmes par l'abandon, la profanation de tout ce qui avait fait partie de l'existence de ma grand'mère.

Au bout d'une heure, Frumence nous rejoignit seul.

— Et l'avocat? lui demanda Jennie.

— Il est parti sans vouloir prendre congé.

— Est-ce qu'il croit que je le boude? demandai-je.

— Je ne sais; il est fort ému.

— Pourquoi? Que pensez-vous de lui?

— Je pense qu'il est ivre.

— Il n'a presque bu que de l'eau! s'écria Jennie, et les Anglais supportent tant de vin!

— Si vous êtes sûre qu'il a été sobre, — j'avoue n'y avoir pas fait attention, — je ne sais que vous dire de lui. C'est une ivresse morale qu'il éprouve sans doute, mais je vous jure qu'il n'est pas dans son bon sens. Il en a eu conscience, car il s'est sauvé moitié riant, moitié pleurant, disant qu'il ne voulait pas se montrer aux dames sous le coup d'une névralgie très-douloureuse.

— Pensez-vous que ce soit une comédie, Frumence?

— Non, c'est l'effet d'un climat auquel il n'est pas si habitué qu'il le prétend. Quand ces gens du Nord veulent tâter notre soleil, ils sont aisément mordus.

Je vis, à l'air pensif de Jennie, qu'elle voulait interroger Frumence en particulier, et sans affectation je les laissai ensemble.

LI

Je ne revis plus Jennie qu'à l'heure du souper. Frumence était parti.

— Écoutez, me dit-elle, depuis quarante-huit heures Frumence est bien en peine : il veut partir pour l'Amérique.

— Ah ! mon Dieu ! Jennie, avec quel sang-froid tu me dis cela ! Ah ! cher et bon Frumence ! il veut quitter son oncle qui ne peut se passer de lui, et toi qui lui es si chère, pour aller chercher si loin des preuves si incertaines en ma faveur !

— Oui, c'est l'idée qui lui est venue tout de suite, quand j'ai parlé hier d'y aller moi-même ; mais l'abbé Costel s'est trouvé si souffrant cette nuit, et il m'est impossible de vous laisser seule pour aller le soigner, que Frumence doit ajourner son voyage. Alors savez-vous ce qui résulte de tout ceci ? C'est que, pour faire cesser certains propos,... des propos sur moi que j'aurais de la répugnance à vous répéter, il faut que je me décide tout de suite au mariage avec Frumence.

— Ah ! Jennie, m'écriai-je en me jetant dans

ses bras, que j'en suis heureuse pour lui et pour toi !

Mais, en disant ces paroles du fond de mon cœur, je sentis je ne sais quel déchirement se faire en moi, comme si je perdais à la fois Jennie et Frumence. Il me sembla que j'étais seule dans la vie à tout jamais, qu'au milieu de mon désastre l'amour consolerait et dédommagerait tout le monde autour de moi, excepté moi qui n'avais su inspirer l'amour à personne et qui ne devais jamais le connaître. Tous mes besoins de cœur inassouvis, toutes mes aspirations méconnues par moi-même et cruellement refoulées, peut-être le souvenir confus du plaisir que j'avais ressenti autrefois de me croire aimée de Frumence, je ne sais quoi enfin, une souffrance violente, un regret inexprimable, une double et insurmontable jalousie m'étreignirent la poitrine, et je sentis la vie m'abandonner avec l'espérance de la vie. Je perdis la notion de tout, et, quand je revins à moi, j'étais étendue sur mon lit, les cheveux épars, les mains déchirées par mes ongles, la lèvre coupée par mes dents. Jennie, pâle et consternée, me tenait dans ses bras.

— Qu'est-ce donc, Jennie? lui dis-je, que m'est-il arrivé? Suis-je tombée? suis-je morte?

Je ne me souvenais de rien.

— Vous avez été bien malade, et un moment je vous ai crue folle. Il faut qu'il se soit trouvé quelque mauvaise herbe dans notre dîner. Calmez-vous, ce ne sera plus rien à présent, et j'espère que cela ne recommencera pas.

Je me souvins alors que Jennie allait épouser Frumence, et, sans lui dire l'amertume que j'en ressentais, je fondis en larmes.

— Pleurez un peu, me dit-elle, ça vaut mieux que d'étouffer. Quand vous serez tout à fait bien, nous causerons.

J'étais tellement brisée, que je dormis bien, et même je me levai assez tard. Dès que Jennie entra chez moi, je lui demandai des nouvelles de l'abbé.

— L'abbé ne va pas mieux, dit-elle; au contraire... Le docteur Reppe l'a vu ce matin, bien malgré lui, car il ne veut rien faire et croit qu'il n'a rien; mais le docteur dit que c'est la goutte dans l'estomac et qu'il n'y a rien de plus sérieux.

— Pauvre abbé Costel! va-t-il donc s'en aller aussi? Je perds tous mes soutiens, tous mes amis à la fois!

— Non pas moi, s'il vous plaît; car, si malheureusement l'abbé doit succomber bientôt, Frumence ira au Canada, et ce n'est pas la peine de se marier pour se quitter si tôt!

— Je ne veux pas que Frumence fasse pour moi

ce voyage! je le lui défends! je veux que tu penses à toi-même et que tu sois heureuse, Jennie!

— Je ne me marie pas pour être heureuse. Si vous ne l'êtes pas, je ne peux pas l'être.

— Je te promets de l'être, moi, quoi qu'il arrive, si tu l'es. Ainsi, tu dois te marier, et bien vite.

— Non, non! dit-elle en secouant la tête; je ne dois pas me marier. J'y ai réfléchi. Frumence est venu un instant ce matin; je lui ai demandé s'il était vraiment si épris de moi, et il m'a dit que ce n'était pas là le motif de son impatience. Il dit seulement qu'on nous calomnie, lui et moi, et qu'à cause de vous il faudrait faire finir tout cela; mais, moi, je crois qu'il ne faut pas se soucier du mensonge et qu'il faut marcher dans la vérité. Je n'ai d'inclination pour personne, et, si Frumence a de l'amitié pour moi, c'est si raisonnablement que mon refus ne le fait pas du tout souffrir. J'ai vu, en y songeant, des inconvénients à ce mariage, et, entre tous ceux que je vois dans un parti ou dans l'autre, je choisis les moindres. Que les choses restent comme elles sont! Attendons les événements.

J'insistai vainement. Jennie sut me persuader qu'elle avait raison, et que, si jamais elle se mariait, ce ne serait que pour être à même de me mieux servir.

Le lendemain, me sentant bien remise, je voulais monter à cheval pour aller voir l'abbé Costel; Jennie m'en empêcha. M. Barthez s'était annoncé, et je devais l'attendre. Notre entrevue n'amena guère de changement dans nos incertitudes. M. Barthez avait été à la source des propos qu'il avait pressentis sur mon compte et sur celui de Jennie. Il ne voulut nommer personne; mais nous nous entendîmes à demi-mot. Seulement, quand je lui racontai ma longue entrevue de la veille avec Mac-Allan, et la manière d'abord charmante, puis un peu bizarre dont il s'était abandonné en apparence à une sympathie très-vive pour moi et mes amis, il conçut l'espoir que je trouverais dans l'avocat de ma belle-mère un défenseur impartial et un conciliateur efficace. Il m'apprit que M. Mac-Allan l'avait encouragé à faire faire des recherches à Montréal et à Québec sur les dernières phases de la vie d'Anseaume et sur les révélations qu'il aurait pu faire en mourant.

— J'ai déjà pris mes mesures, ajouta M. Barthez : quelle que soit l'issue d'une transaction ou d'un procès, il est bon de chercher d'avance toutes les preuves qu'il sera possible de recueillir. Si nous n'en trouvons pas, nous en aurons du moins la conscience nette.

LII

Le jour suivant, j'envoyai Michel savoir des nouvelles de l'abbé. Jennie reçut de Frumence la réponse que voici :

« Il y a un peu de mieux ; j'espère le sauver encore cette fois. Ce sera peut-être grâce à M. Mac-Allan, qui, doutant de la science de M. Reppe, a été, de son propre mouvement, chercher à Toulon, à bord d'un navire de sa nation, un médecin anglais que je crois très-capable, et dont les prescriptions énergiques ont produit sur l'heure un bon résultat. M. Mac-Allan s'est installé ici, dans la maison de Pachouquin. Il prétend que le voisinage de madame C... lui était insupportable, et qu'il préfère habiter notre triste hameau, où, du moins, il peut m'être utile à distraire et à soigner mon malade. Que vous dirai-je ? il me témoigne une sympathie que je ne m'explique pas bien, mais dont il m'est impossible de n'être pas reconnaissant. Malheur à lui s'il y a là un piége ! »

Frumence nous écrivit de nouveau le lendemain :

« Mon cher malade va encore mieux qu'hier. Il parle librement et n'étouffe presque plus ; le médecin anglais est revenu et a trouvé son état satisfaisant. Mon excellent oncle a témoigné le désir de voir mademoiselle de Valangis. Si M. Mac-Allan était encore *aux moulins*, je ne consentirais pas à ce qu'elle vînt nous voir, il y aurait des inconvénients ; mais la présence de Mac-Allan à mes côtés me fait désirer précisément cette visite. Venez toutes les deux demain matin. »

Nous fûmes exactes au rendez-vous, et nous trouvâmes l'abbé assis chez Frumence, qui lui lisait un texte grec pour le distraire, tandis que M. Mac-Allan écoutait avec intérêt cette lecture.

— Voulez-vous continuer? me dit Frumence en me donnant le livre ; je suis un peu fatigué.

J'aurais eu mauvaise grâce à refuser. Je lus le texte grec sans me soucier de M. Mac-Allan, qui m'écoutait attentivement, et de temps en temps m'arrêtait sur un mot ou sur un sens qu'il prétendait ne pas bien entendre. L'abbé, encore faible, s'efforçait de le lui expliquer ; mais une ou deux fois, impatientée de ces interruptions, je donnai l'explication vivement moi-même, en anglais ou en latin. Frumence ne disait mot ; il tenait à ce qu'il fût bien constaté que j'étais une femme savante, et je lui en voulus un peu quand je m'en avisai.

M. Costel demanda enfin à rester seul avec Jennie et moi.

— Mes chères amies, nous dit ce vaillant vieillard, ne croyez pas que je retienne Frumence. Je sais qu'il a deux projets entre lesquels il hésite : aller en Amérique pour servir mademoiselle de Valangis, ou rester près d'elle, pour la servir encore, autorisé du titre d'époux de Jennie. Je n'ai pas à résoudre le meilleur parti à prendre, c'est affaire à vous trois d'y songer et de choisir ; mais je sais qu'on s'effraye de me laisser seul, et voilà ce que je ne veux pas. Je ne suis pas malade, mon indisposition n'est rien. Je suis encore jeune et fort. J'ai peut-être bien été quelquefois égoïste dans les petites choses, mais il s'agit d'une grande chose aujourd'hui, et je ne suis pas un enfant. Que Frumence me quitte donc dès aujourd'hui, si dès aujourd'hui il peut vous être utile. Je vous promets de ne pas m'en affecter, et, si vous vous en faisiez scrupule, je croirais que vous ne me jugez pas digne d'être votre ami.

En parlant ainsi de son énergie et de sa santé, le pauvre abbé était si jaune, si maigre, si osseux, et avait la voix si éteinte, que je me jurai bien de ne pas lui enlever Frumence; mais je dus, pour tranquilliser sa généreuse amitié, lui promettre que nous appellerions Frumence à notre aide si nous avions besoin de lui.

Nous allions nous retirer lorsque Frumence nous avertit que M. Mac-Allan désirait nous offrir le thé, et il nous conseilla de ne pas perdre cette occasion de le gagner à ma cause. En conséquence, nous nous rendîmes à la maison de Pachouquin, qui était la plus ancienne et la plus solidement bâtie du hameau désert. C'était une espèce de maison forte du moyen âge, et on apercevait sous le toit, à travers les herbes sauvages, un reste de mâchicoulis menaçant le précipice. M. Mac-Allan vint à notre rencontre ; il avait fait une nouvelle toilette durant notre courte entrevue avec l'abbé, et tout était prêt pour nous recevoir.

Il s'était installé dans une vaste grange dont les croisées étaient sans châssis et dont l'intérieur n'offrait que les quatre murs. Pachouquin avait sous le même toit un logis rustique assez bien tenu, bien qu'il y vécût sans femme et sans serviteurs. Le garde champêtre, qui était son beau-frère, s'était mis comme commissionnaire et pourvoyeur aux ordres de M. Mac-Allan, et le maire lui-même, oncle de Pachouquin, recevait avec empressement les ordres de John, le valet de chambre de l'avocat. La majeure partie de la population, représentée par ces trois personnages, était donc rassemblée dans la cuisine, où M. John, plus important à lui tout seul que les trois autres ensemble, faisait hâter l'eau bouillante, ordonnait les tartines de pain beurré, et surveillait en personne la transcendante opération d'un thé dans les règles.

— Vous allez voir, me dit Mac-Allan en me faisant traverser le laboratoire où trois Provençaux suaient sous les ordres d'un Anglais pour nous préparer quelques tasses d'eau chaude, comment on sait se tirer d'affaire dans les pays sauvages.

J'étais fort curieuse de voir, en effet, comment cet homme si bien mis, si bien chaussé et si bien brossé pouvait habiter une pareille masure sans déroger à ses habitudes de parfait *gentleman*; mais ce ne fut pas à même la grange dévastée de Pachouquin qu'il nous reçut, ce fut dans une tente de voyage aussi vaste qu'un petit appartement complet, et cette habitation de coutil imperméable tenait tout entière fort à l'aise dans la grange de son hôte. Il y avait une chambre à coucher composée d'un hamac et d'une toilette qu'un rideau séparait, durant le jour, de la pièce principale, décorée du nom de parloir. Ce parloir contenait un divan, une table, des pliants et des rayons de bibliothèque, le tout en bambous légers et solides. Il y avait là des armes, des fleurs, un violon, des livres, trois ou quatre nécessaires de voyage d'un grand luxe pour écrire, dessiner, manger dans le vermeil et faire la cuisine. Je ne sais s'il n'y avait pas une baignoire dans quelque coin. La chambre de John, presque aussi confortable que celle de son maître, était une annexe également portative, et tout cela pouvait être plié en une heure et emporté sur une charrette quelconque avec deux mulets. M. Mac-Allan avait parcouru la Grèce, l'Égypte et, je crois, une partie de la Perse avec cette tente, ce valet de chambre et tous ces engins de chasse, de pêche, de toilette, de cuisine et d'arts d'agrément.

Je trouvai cela ingénieux mais puéril, et je ne me gênai pas pour le lui dire.

— Vous avez tort, me répondit-il. Les Anglais seuls savent voyager. Grâce à leur prévoyance, ils sont partout chez eux. Ils échappent aux dangers, aux intempéries, aux maladies et aux découragements qui déciment les voyageurs des autres nations, et avec tous ces engins dont vous vous moquez, ils vont plus loin et plus vite que vous autres qui ne portez rien.

— C'est possible, monsieur Mac-Allan; mais, en venant en Provence, vous vous attendiez donc à traverser le Sahara?

— Eh! eh! reprit-il en riant, cela se ressemble peut-être plus qu'on ne croit; mais il y a un fait certain, c'est que, sans mon attirail, je ne m'installerais pas en ce pays-ci, du jour au lendemain, où bon me semble, à moins de coucher à la belle étoile, ce qui n'est pas dans mes goûts. C'est bien joli, l'herbe des champs; mais il y rampe des vipères, et sur la mousse des rochers on trouve des scorpions. Croyez-moi, l'homme n'est pas fait pour dormir sur le sein de la nature. Il faut entre elle et lui des couvertures, des tapis, des armes et même des brosses à ongles, car la propreté est une des lois les plus sérieuses de la conscience anglaise.

— Jennie vous donne certainement raison, lui dis-je, et je ne vous donne pas tort; mais permettez-moi de vous dire que, pour voyager si convenablement, il faut être riche, et que, si j'approuve le riche de chercher, sans risque et sans souffrance, la jouissance intellectuelle des voyages, j'admire encore plus le pauvre savant ou le pauvre artiste qui s'en va seul et imprévoyant, bravant tous les dangers et toutes les misères, comme un fou, comme un sauvage, si vous voulez, à la conquête de l'idéal inconnu. Voilà le ridicule, soit, mais voilà aussi la vaillance, la poésie et la gloire de l'esprit français.

— Vous n'aimez pas les Anglais, je vois cela, répondit tristement M. Mac-Allan.

Et il resta triste et silencieux en m'offrant son thé et ses sandwichs.

LIII

— Qu'avez-vous? lui demandai-je en le voyant préoccupé. Ce pays désert vous rend-il mélancolique?

— Non, dit-il, ce pays ne réagit pas sur moi désagréablement. Il me plaît, et je ne suis pas mélancolique, je suis *gloomy*.

— N'est-ce pas la même chose?

— Non. La mélancolie d'un Français se résout en vers ou en musique; le *gloom* anglais tourne au rasoir avec lequel on se coupe la gorge, ou au rocher d'où l'on se précipite.

— Voilà d'affreuses images qui n'entrent jamais dans nos esprits méridionaux. Convenez que vous vous ennuyez ici et que vous avez le mal du pays.

— Un Anglais n'a le mal du pays qu'en Angleterre; il n'a de nostalgie que pour ce qui est bien loin de ses pénates. Ce type si froid et si stupide, selon vous, a les aspirations immenses du bonheur irréalisable.

Comme nous parlions anglais, Jennie nous quitta pour aller tenir encore un peu compagnie à M. Costel, et, comptant que Frumence allait venir prendre auprès de moi la place de Jennie, je restai seule sous la tente de M. Mac-Allan avec le maître de cet étrange manoir. Il s'était à demi couché à mes pieds sur un très-beau tapis de Perse, et, appuyé du coude sur le divan élastique où j'étais assise, il renouvelait nonchalamment l'air de la tente avec un large éventail de tresse de palmier.

— Mademoiselle de Valangis, me dit-il en dirigeant doucement vers moi le bout de son émouchoir, vous n'aimeriez donc pas cette vie molle et contemplative au milieu du véritable désert?

— Je suis Provençale, lui répondis-je, active par conséquent.

— Vous êtes Provençale, Italienne ou Bretonne, vous n'en savez absolument rien!

— Vous n'avez pas osé ajouter que j'étais peut-être bohémienne?

— Qui sait? Je voudrais que vous le fussiez!

— Sans doute pour les besoins de la cause que vous servez?

— Je me soucie de ma cause comme de cela, dit-il en jetant au loin son éventail. Est-ce que j'ai une cause, moi? Ma conscience est bien à l'aise devant une situation aussi nette que la vôtre. L'avenir qu'on vous offre est à prendre ou à laisser. J'aï rempli mon mandat. Je vous ai dit la vérité qu'on vous dissimulait, et je n'entends pas peser davantage sur vos résolutions. Je suis complétement indifférent au parti qu'il vous plaira de prendre vis-à-vis de la famille qui m'a chargé de ses propositions. Soyez noble ou bohémienne, riche ou misérable, je ne m'en occupe pas plus que des coiffes de votre grand'mère, paysanne ou marquise.

— Voilà enfin de la sincérité, monsieur Mac-Allan. Votre sollicitude pour moi n'était qu'un jeu !

— Non pas ! C'était la vérité même quand je ne vous connaissais pas. J'avais pitié de vous. Chargé de vous anéantir, je ne voulais pas vous torturer, et j'aurais voulu vous trouver timide et positive. Devant l'inconnu de votre destinée, si vous eussiez accepté la consolation de l'argent, je me serais réjoui, en homme doux et humain que je suis, d'avoir sauvé une pauvre fille... Mais vous n'acceptez rien...

— Je ne vous ai pas dit cela.

— Peu importe. Vous obéissez à M. Barthez en réservant votre décision, mais vous ne pouvez pas me tromper, et je lis l'orgueil de la révolte inflexible au fond de votre cœur. Vous préférez votre droit imaginaire à la fortune considérée comme une aumône.

— Non, monsieur Mac-Allan, je ne suis pas si audacieuse et si fière que cela. De mes amis j'accepterais tout, jusqu'à l'aumône.

— Et de vos ennemis?

— Rien. Tout dépend donc du sentiment d'intérêt ou d'aversion que j'inspire à mes adversaires.

— Mais il y a deux questions en jeu, le nom et l'argent : auquel tenez-vous?

— Vous le savez bien, au nom seul.

— Si on vous offrait de vous laisser le nom seul, vous renonceriez à l'héritage matériel?

— Ceci regarde M. Barthez, et je n'ai pas à répondre à une question que vous ne m'avez pas encore posée devant lui.

— C'est juste; mais supposons qu'à la suite d'un procès long, pénible et embrouillé, vous soyez, comme j'en ai la certitude, dépouillée de l'un et de l'autre, c'est le nom seul que vous regretteriez?

— C'est cela, et aussi le milieu où je vis, la maison où j'ai été élevée, les souvenirs de mon enfance, l'empreinte que ma grand'mère a laissée sur les plus insignifiants détails des choses qui m'environnent... Mais que vous importe tout cela? Ne venez-vous pas de me dire que vous n'en aviez pas le moindre souci? Je vois bien que, pour ne pas avoir vu par vos yeux et pour m'être montrée indocile à vos conseils, j'ai perdu votre bienveillance. Je crois donc que vous feriez mieux de parler de mes affaires avec MM. Barthez et Frumence, et de causer avec moi de la pluie et du beau temps!

— Voyons, finissons-en, dit Mac-Allan en se levant. Aimez-vous le bien-être, le luxe, le pays que vous habitez, les amis qui vous entourent? Voulez-vous garder Bellombre sans contestation? Renoncez au nom et au titre : c'est tout ce que l'on vous demande.

— Il n'y a jamais eu de titre attaché au nom de Valangis : je ne puis renoncer à ce qui ne m'appartient pas.

— Mais le nom, voyons! combien voulez-vous le vendre?

— A aucun prix! m'écriai-je exaspérée et oubliant mes promesses à Barthez; que l'on m'en dépouille si l'on peut; moi, je ne commettrai jamais l'insigne lâcheté de vendre ce que ma grand'mère m'a donné!

— Allons donc! vous voyez bien! reprit Mac-Allan en riant et en se frottant les mains comme s'il eût triomphé de m'avoir arraché ma pensée. Il me parut méchant et inexorable., et je me levai pour le quitter. J'en voulais à Jennie et à Frumence de m'avoir laissée seule avec mon ennemi. Il ne me semblait pas que ce fût convenable; dans tous les cas, c'était imprudent, car je n'étais pas de force, on le savait bien, à cacher longtemps une blessure faite à ma dignité et à lutter prudemment contre un outrage.

— Mademoiselle de Valangis, reprit Mac-Allan en me retenant de l'air le plus soumis et le plus respectueux, ne regrettez pas votre franchise. J'aime ce cri de votre cœur et de votre conscience, et j'en prends acte.

— Donc, la guerre est déclarée?

— Non, ce n'est pas la guerre; car, en voyant combien vous méritez d'estime et de respect, j'espère obtenir la paix. Vous savez bien que je m'y emploie et que vous m'avez accordé huit jours pour faire la première tentative.

— Alors, pourquoi disiez-vous que vous étiez si indifférent à mon sort?

— Ah! vous ne m'avez pas compris; cela devait être!

— Expliquez-vous donc.

— Vous ne voulez pas deviner?

— Je ne sais rien deviner.

— C'est que vous avez un peu trop de l'ange et pas assez de la femme.

Frumence arriva enfin, et je trouvai, après

m'être impatientée contre lui, qu'il arrivait un peu trop tôt. J'aurais voulu confesser entièrement mon étrange adversaire. J'entendis Frumence lui dire à demi-voix :

— Eh bien, lui avez-vous parlé de... ?

— Non, c'est beaucoup trop tôt, lui répondit sur le même ton M. Mac-Allan.

Au moment de nous séparer, des mots échangés comme en cachette de moi recommencèrent entre Mac-Allan et Frumence. Celui-ci désirait nous accompagner un bout de chemin comme pour nous dire quelque chose que l'autre ne voulait pas lui laisser dire. Il paraît que Mac-Allan l'emporta, car personne ne nous reconduisit.

J'étais intriguée, et Jennie, qui avait l'air d'en savoir plus long que moi, ne voulut rien m'apprendre. Il me semblait bien, si simple que je fusse, que M. Mac-Allan avait une velléité de me faire la cour; mais j'avais eu une déception si ridicule en me croyant aimée de Frumence, que j'étais tombée dans un excès de modestie. Et puis Frumence avait traité Mac-Allan d'homme ivre et d'insensé la dernière fois qu'il était venu chez nous; il y avait eu depuis, dans sa lettre à Jennie, ces mots bien graves : *Malheur à lui s'il me tend un piège !* Était-il possible que, resté sur de pareils doutes quant au bon sens et à la loyauté de cet étranger, Frumence eût consenti du jour au lendemain à favoriser ses prétentions sur moi? Non, à coup sûr, je me trompais, et je repoussai sans effort et sans émotion toute idée de ce genre.

LIV

Deux jours après, je rencontrai Mac-Allan à la promenade. Il ne m'était pas agréable de lui parler. J'étais seule et un peu loin de chez moi. Je feignis de ne pas le voir, bien que nous fussions assez près l'un de l'autre. Je pris, sans détourner la tête, un sentier qui se présentait à ma droite, et il respecta mes intentions sans affecter de m'avoir vue.

Le lendemain, je remontais le cours de la Dardenne dans cet encaissement profond qui aboutit plus bas à la Salle verte et qui ne peut être un chemin de promenade pour personne, car le sentier est immergé ou écroulé à chaque instant; je fus frappée d'un léger glissement de grains de sable qui s'opérait tantôt devant, tantôt derrière moi, comme si quelqu'un eût marché furtivement dans les buissons au-dessus de ma tête sur le haut du ravin. J'épiai sans en avoir l'air, et j'aperçus M. Mac-Allan, qui m'épiait de son côté. Bien certainement il croyait avoir quelque chose de bizarre ou de blâmable à surprendre dans ma conduite. Je m'amusai à le faire marcher longtemps par le chemin le plus incommode qu'il fût possible d'imaginer, puis je m'assis au bord de l'eau ; j'ouvris un livre et lui fis faire une pause d'une grande heure ; après quoi, je revins sur mes pas et rentrai, bien certaine qu'il ne m'avait pas perdue de vue. Le soir, je reçus une bien étrange lettre de Galathée ; je supprime les innombrables fautes d'orthographe, mais je conserve le style.

« Ma chère Lucienne, quoique tu croies que je t'ai oubliée, et que tu te figures peut-être que je ne t'aime plus, je suis toujours ton amie, et je viens t'avertir d'une chose qui peut être bien avantageuse pour toi. L'avocat de ta belle-mère, qui a demeuré chez nous, c'est-à-dire chez le docteur, pendant deux jours, est devenu amoureux de toi à première vue. C'est maman qui l'a dit. Au lieu de servir les intérêts de ta belle-mère, il a tourné casaque, et sûrement qu'ils vont se brouiller ensemble, car je sais qu'elle t'en veut beaucoup et te considère peu. Il n'y a qu'une chose qui fâche ce monsieur, qui, du reste, est très-bien : c'est ton amour pour Frumence, dont il est très-jaloux. Sans ça, je suis sûre qu'il t'épouserait, ce qui serait bien avantageux pour toi. Il paraît qu'il est très-riche et qu'il a beaucoup de succès dans le beau monde de l'Angleterre. Je te conseille donc de rompre au plus vite avec M. Frumence, qui est plus jeune et plus bel homme, j'en conviens, mais qui n'a rien et ne pourra pas t'empêcher de tomber dans le malheur. Écoute le conseil d'une amie qui t'aime et qui ne veut que ton bien.

« G. C.

« *P.-S.* Garde-moi le secret sur cette lettre, qui me ferait battre par maman, si elle savait que je la trahis. Elle est bien dure pour moi, mais je veux ton bien avant tout. »

Je montrai cette lettre à Jennie, qui la relut deux fois attentivement et me dit ensuite :

— Cette sottise-là a plus d'importance que vous ne pensez ; je la garde, car elle trahit les méchants secrets de madame Capeforte. C'est bien elle qui a écrit contre vous, et voici enfin la chose dont on vous accuse. On veut faire croire que vous avez eu l'idée d'épouser Frumence. Puisqu'il faut que cela arrive enfin jusqu'à vous, je vous le dis ; je [illegible]vais déjà, et je devinais l'auteur de cette his-

— Comment est-il possible, Jennie, qu'une pareille idée soit venue à quelqu'un, même à madame Capeforte, qui a tant d'idées ?

— Vous ne savez pas que Galathée... Mais à quoi bon vous dire cela ?

— Je sais que Galathée était éprise de Frumence, et qu'elle me fait encore l'honneur d'être jalouse de moi.

— Elle vous l'a dit, la sotte? J'espérais que non! Eh bien, elle a été raillée durement par Marius, que sa mère aurait voulu et espère peut-être encore lui faire épouser. Galathée n'est pas méchante, elle est pis que cela, elle est bête. Elle se sera laissé arracher l'aveu de son goût pour Frumence, sa jalousie contre vous et les malices de Marius, dans lesquelles vous avez peut-être bien un peu trempé...

— Jamais, Jennie, cela me répugnait.

— N'importe, Marius bien naturellement ne voyait que vous et dédaignait la Galathée. Madame Capeforte sait tout cela, et elle a réussi par ses intrigues à rompre votre mariage en vous faisant des ennemis qui compromettent votre avenir. Voilà tout son plan dévoilé. Tâchons de profiter de ce que nous savons. Le moment est venu où vous devez tout savoir vous-même, et Mac-Allan, lui aussi, s'est trahi. L'autre jour, en prenant ici le café avec Frumence, il lui a posé la question avec finesse, à ce qu'il croyait; mais l'autre est plus fin que lui. Il a vu tout de suite qu'on le soupçonnait d'avoir avec vous une amitié trop intime, et il a relevé l'avocat si vertement, qu'ils ont failli se provoquer; puis tout à coup M. Mac-Allan a eu un bon mouvement de cœur, il s'est repenti d'avoir cru à des calomnies; il est parti très-chagrin et très-agité. Dès le lendemain, il a quitté la bastide Reppe, et il s'est établi aux Pommets, soignant l'abbé et témoignant à Frumence la plus grande estime et la confiance la plus entière. Donc, il n'a plus de soupçons sur vous, et il est sincère en disant qu'il veut vous réconcilier avec lady Woodcliffe.

— Et pourtant il m'observe, il me suit, et il épie tous les pas que je fais hors de la maison?

— Ah! dame, cela, c'est un sentiment personnel d'inquiétude ou de jalousie. M. Mac-Allan s'est peut-être en effet mis dans la tête de vous aimer; madame Capeforte a pu deviner juste : que vous en semble?

— Il ne me semble rien, Jennie, sinon que M. Mac-Allan m'alarme et me blesse. Tu crois donc qu'il a exprimé à Frumence l'intention de m'épouser?

— C'est possible, répondit Jennie, qui ne voulait pas se prononcer.

— Frumence ne t'a rien écrit là-dessus depuis deux jours ?

— Si fait ; mais il dit comme moi que nous ne devons pas encore fixer notre opinion sur M. Mac-Allan. Nous ne le connaissons pas assez. S'il était ce qu'il paraît, Frumence vous conseillerait d'examiner les offres de mariage qu'il pourrait vous faire ; mais, après avoir eu d'abord l'idée de vous avertir franchement de ce qui se passe, il a cédé à M. Mac-Allan, qui trouve que c'est trop tôt et qui craint de vous être antipathique. Voyez en vous-même, et prenez votre temps.

LV

Nous en étions là quand Frumence arriva, bien qu'il fût assez tard dans la soirée.

— Parlez devant Lucienne, lui dit Jennie en lui montrant la lettre de Galathée, qu'il lut en rougissant d'indignation. Vous voyez, ajouta Jennie, qu'il n'y a plus rien à se dire à l'oreille.

— Eh bien, disons tout, répondit Frumence. M. Mac-Allan aime Lucienne : est-ce bien sérieusement ? Moi, je ne me connais guère en passions de cette nature, et je suis surpris de voir un homme de quarante ans, car il a quarante ans et ne cache pas son chiffre, enthousiaste et spontané à ce point. Je vous le garantis maintenant parfaitement sincère avec nous et même naïf vis-à-vis de lui-même. C'est un tempérament nerveux, impressionnable, romanesque à sa manière. Donc, s'il ne vous aime pas comme il le croit, ma chère Lucienne, il croit fermement vous aimer comme il le dit.

— Pouvez-vous m'affirmer cela, Frumence ?

— Oui, je le peux aujourd'hui. Je l'ai vu malade et comme désespéré la nuit dernière, et je ne serais pas dupe d'une comédie dont au reste il serait impossible d'expliquer le but.

— Si je vous ai fait cette question, repris-je, c'est que je veux rigoureusement savoir si cette prétendue passion n'est pas une insulte que je doive repousser avec mépris.

— Vous pouvez être tranquille à cet égard. Cette prétendue passion n'a pour but que de vous offrir un nom honorable et une très-belle fortune, quelle que soit l'issue du procès qui pourrait s'engager ; et, pour que l'on n'ait pas de doute là-dessus, il offrirait de vous épouser tout de suite, bien qu'il eût de beaucoup préféré, dit-il, que vous fussiez sans nom et sans ressources, afin d'avoir un véritable dévouement à vous offrir.

— S'il en est ainsi, je lui dois beaucoup d'estime et de reconnaissance.

— Oui, dit Jennie, s'il est riche, et si votre affaire est mauvaise !

— Moi, reprit Frumence, je ne puis admettre qu'un homme si remarquablement doué et d'une si grande allure en toutes choses ne soit pas un homme honorable. Je n'ai qu'une seule crainte : c'est qu'un caractère si expansif et si inflammable ne réalise pas le type d'amitié sérieuse et solide que Lucienne avait cru trouver dans Marius.

— Vous m'avouerez, Frumence, qu'après m'être si complétement trompée sur le compte de Marius, je ne dois plus me fier à mon propre jugement. Je veux m'en rapporter au vôtre et à celui de Jennie. Tâchez de vous mettre d'accord.

— Eh bien, dit Frumence en tirant un petit portefeuille de sa poche, puisque je suis ici l'avocat de Mac-Allan, voici une forte preuve en sa faveur : c'est la lettre qu'il écrit à votre belle-mère, et que je suis chargé de faire partir demain matin. Il m'a autorisé à vous la montrer, lisez-la.

J'ouvris l'étui de cuir de Russie dont Mac-Allan avait recouvert sa lettre, pour qu'elle me fût présentée vierge d'un grain de poussière et imprégnée de cette odeur si chère aux Anglais et si peu agréable selon moi. C'était comme un souvenir de miss Agar; je secouai la lettre, j'éloignai la couverture et je lus en souriant la suscription :

A Mylady Woodcliffe,
marquise de Valangis-Bellombre.

« Milady, je suis heureux de vous dire que j'ai fidèlement rempli vos intentions en soumettant, dès le lendemain de mon arrivée à Toulon, vos propositions à mademoiselle Lucienne, dite de Valangis. Je pensais avec vous qu'elles devaient séduire et réduire à l'instant même une personne avide de liberté et peu soucieuse des priviléges de la noblesse, telle qu'on nous avait dépeint la fille adoptive de feu madame la douairière de Valangis. Mes offres ont causé plus de surprise et de chagrin que je ne m'y attendais, et on a refusé jusqu'à ce jour d'y répondre catégoriquement; mais, sans préjuger encore quelle sera la réponse finale, je dois vous dire qu'à l'instant même j'ai procédé à l'examen des faits, certain que, si la jeune personne était honorable, vous ne vouliez en aucune façon lui contester le nom qu'elle porte. J'ai attentivement observé la physionomie, le ton, les manières, l'entourage de cette demoiselle. J'ai causé avec elle, j'ai vu ses amis, j'ai étudié un petit nombre de personnes recommandables admises dans son intimité; je n'ai trouvé là que des affections très-pures, des dévouements parfaitement désintéressés, un grand respect ou des sentiments paternels. Mademoiselle Lucienne a des ennemis et des détracteurs, cela est certain, et la femme qui a tant écrit à votre mari sur ce qui se passe depuis vingt ans à Bellombre est à la tête de cette cabale; mais cette femme est indigne de confiance, et je sais maintenant que, dès son jeune âge, elle s'était flattée de plaire au marquis, à peine sorti lui-même de l'adolescence. Elle a toujours haï madame de Valangis pour l'avoir raillée de cette prétention, et toute sa vie a été une vengeance contre elle. Il y a encore un détail à enregistrer, c'est que cette femme voulait marier sa fille avec le jeune Marius de Valangis, qui a rejeté ses avances: nouveau sujet de dépit contre Lucienne, que l'on supposait aimée de son cousin. Pour vous édifier complétement sur le compte de cette femme, je n'ai qu'une chose à vous dire. Elle vous a envoyé une prétendue lettre d'amour écrite par Lucienne à un jeune homme du voisinage, et surprise, disait-elle, dans les mains de sa *fille innocente*. Eh bien, cette fille est l'auteur de la lettre, et elle est innocente seulement en ce sens qu'elle ignore ou ne comprend pas le parti que sa mère a pu tirer de sa folie. J'ai comparé les écritures, car j'ai fait écrire mademoiselle Lucienne sous mes yeux, et cela n'était pas nécessaire, je vous jure. La demoiselle en question a le style et l'orthographe que vous savez, tandis que mademoiselle Lucienne, jugée par nous *à priori* si vulgaire, si mal élevée et si peu soucieuse de sa dignité, est une personne extraordinairement instruite, parlant notre langue comme vous et moi, ayant fait de meilleures études que beaucoup d'hommes de notre connaissance et possédant le ton de la meilleure compagnie. Telle qu'elle est, loin d'être déplacée dans votre monde et dans votre famille, elle fera honneur à l'une et à l'autre, car il suffit de la voir pour lui accorder le respect, la sympathie et, j'ose dire, l'admiration qu'elle mérite.

« Il y avait une chose plus délicate et plus difficile à vérifier. On vous avait écrit que mademoiselle de Valangis avait une inclination d'*ancienne date* déjà pour un *jeune drôle* introduit dans la maison comme précepteur par une *indigne servante*. Eh bien, le jeune drôle est un homme de trente-deux ans, du plus rare savoir, de la plus haute moralité et du plus grand mérite. Bien qu'il soit sans fortune et sans naissance, ce ne serait certes pas une honte, ce serait peut-être une vaillance de cœur et d'esprit de la part de Lucienne que de l'avoir choisi pour le futur compagnon de sa vie; mais je sais vos idées sur les convenances sociales, et je n'ai pas à les discuter ici. Je devais rechercher les faits, et les voici : le jeune homme accusé de captation a repoussé avec indignation la calomnie. J'ai appris de lui, en outre, que, depuis longtemps, il avait été fiancé par madame de Valangis à l'*indigne servante*, laquelle est un ange domestique, le dévouement, l'intelligence, la droiture, le labeur, la chasteté en personne.

« J'aurai beaucoup à vous parler de cette Jennie et du rôle important qu'elle a joué dans la vie de mademoiselle Lucienne. Je vous dirai quelle est à mes yeux la valeur des renseignements qu'elle peut produire. On a joué ici cartes sur table avec moi, et mon opinion n'a pas varié sur la question d'état civil. Quand vous l'exigerez, je vous dirai la vérité, comme mon devoir et ma conscience l'exigent. Je n'ai pas non plus changé d'avis sur l'illégalité du testament qui frustre vos enfants de l'héritage de leur aïeule maternelle; mais ce sont là des questions secondaires dont rien ne presse encore la solution, puisque j'ai pris toutes les mesures nécessaires pour réserver les droits de vos enfants. Ce que vous vouliez savoir avant tout, vous le savez maintenant. Mademoiselle de Valangis est digne de conserver le nom qu'elle s'attribue, et qui est peut-être le sien malgré l'impossibilité où elle sera, selon moi, de le constater d'une manière légale. Jusqu'ici, il n'y a pas d'impossibilité notoire non plus à ce qu'elle y prétende. Le jugement rigoureux le lui refuse; des présomptions favorables, fondées sur sa moralité et sur celle de Jennie, peuvent prolonger la lutte. Ce qu'il faut que vous sachiez, c'est l'opinion publique, dont on doit tenir compte en France, et dans le Midi surtout, quand il s'agit d'affaires romanesques et mystérieuses. Il y a bien ici des quolibets, des doutes et des lazzi sur la recouvrance miraculeuse de la petite fille, une critique vague de certains collets montés sur son éducation virile et sur de prétendues excentricités qui n'en seraient pas en Angleterre, comme de monter à cheval et de se promener quelquefois seule dans la campagne déserte. Il y aura, il y a certainement déjà, dans les bas-fonds vulgaires et même dans de certaines coteries bigotes de cette société de province, des calomnies semées par votre indigne correspondante; mais j'ai vu le consul de ma nation, le préfet, le maire, le commandant de notre station maritime, lord Peveril, établi à Hyères depuis six ans, et mistress Hawke, qui reçoit à Toulon la meilleure compagnie. Je me suis informé à Lyon et à Marseille, j'ai écrit à Nice et à Cannes aux personnes que vous m'aviez désignées, et j'ai reçu leurs réponses. Je puis donc vous affirmer : 1° que tout ce qu'il y a d'honorable et de sérieux dans la population est pour Lucienne de Valangis contre ses envieux et ses détracteurs ; 2° qu'une recherche trop hostile de ses droits serait considérée comme une persécution gratuite ; 3° qu'une attaque au testament, venant de personnes beaucoup plus riches que la légataire désignée, ferait le plus mauvais effet et tracerait un rôle infiniment pénible à votre mandataire.

« Je crois répondre, milady, à vos nobles intentions et à vos sentiments généreux en vous disant toute la vérité, et je mets à vos pieds plus que jamais l'expression de mon dévouement respectueux.

« GEORGES MAC-ALLAN.

« *N. B.* Je ne dois pas oublier le docteur Reppe, qui vous a écrit des lettres si vagues. C'est un homme sans caractère et sans consistance, entièrement gouverné par la dame du moulin. *Honni soit,* mais modérément, *qui mal y pense!* »

LVI

— Allons, allons, dit Jennie, qui avait su un peu d'anglais dans son commerce, et qui, à m'entendre étudier et causer trois ans avec miss Agar, en avait assez rappris pour comprendre cette lettre ; M. Mac-Allan est un digne homme et un homme d'esprit. Je me rends, Frumence. Pensez à lui, Lucienne, et consultez-vous.

— Eh bien, je me consulterai, Jennie; mais dois-je donc dire déjà à Frumence d'encourager ses projets?

— Non, répondit Frumence ému, ne me dites pas cela!

J'eus une sorte d'éblouissement. Il m'avait semblé que Frumence éprouvait un déchirement en me poussant dans les bras d'un autre; mais je me trompais, et je le vis bien vite.

— Jennie, ajouta-t-il d'un ton solennel, vous savez comme je vous aime, et je veux vous le dire devant cette noble enfant que nous chérissons tous les deux. Vous êtes ma sœur, ma mère et la femme de mon cœur. Je ne me décourage pas des obstacles qui nous séparent, et j'attendrai encore dix ans, s'il le faut, que vous vous regardiez comme libre envers Lucienne. C'est pourquoi je ne veux pas qu'elle se hâte de faire un choix qui pourrait hâter et déterminer le vôtre en ma faveur. Elle mariée, heureuse, il vous serait permis de m'accepter pour mari; mais que l'espérance dont je me nourris religieusement me soit à jamais enlevée plutôt que d'influencer ma conscience et de troubler ma raison! Je veux encore étudier Mac-Allan avant de l'encourager. Je veux pénétrer tous les détails de sa vie et saisir toutes les nuances de son caractère. Il a confiance en moi. Avant peu, je vous reparlerai de lui. Jusque-là, ne le fuyez pas, Lucienne; observez-le. Vous êtes censée ignorer des projets dont je ne vous aurais pas encore fait part sans cette lettre de Galathée.

— Mais il vous demandera si je les pressens, et vous ne voudrez pas mentir.

— S'il faut mentir un peu pour soutenir la dignité et conserver l'indépendance de votre rôle, je mentirai, ma chère enfant. En pareille occurrence, ce n'est pas un si gros crime.

— Merci, Frumence, répondis-je en serrant la main qu'il me tendait. Merci pour les sacrifices immenses que vous me faites... Mais toi, Jennie, tu n'as rien répondu aux belles et bonnes choses qu'il t'a dites! Tu es blasée sur son admirable dévouement, heureuse femme!

— Je veux lui répondre devant vous, dit Jennie, et ce ne sera pas du nouveau pour lui. Frumence, vous savez qu'il n'y a aucun homme plus estimable et meilleur que vous dans mon idée; mais je suis plus âgée que vous, j'ai bien souffert du mariage, et je serais plus tranquille si vous n'aviez jamais pensé à m'épouser; car je suis heureuse comme nous sommes, et il n'y a rien de plus haut placé que le sentiment que je vous porte. Si je suis votre sœur et votre mère, vous êtes bien mon frère et mon fils. Nous ne trouverons jamais mieux que cela, allez, et, si vous voulez me faire tout le bien possible, vous ne penserez pas à notre mariage comme à une chose dont notre amitié ne pourrait pas se passer.

Frumence eut dans les yeux un nuage qui se dissipa vite. Il serra la main de Jennie comme il avait serré la mienne, et se retira en lui disant :

— Je n'ai pas d'autre volonté que la vôtre.

Il me semblait que Jennie était bien cruelle, et pourtant je lui savais gré de l'être. Que se passait-il en moi? Je ne pus fermer l'œil de la nuit. L'inclination de Mac-Allan, fantaisie ou passion, réveillait tout un monde de riantes chimères évanoui depuis longtemps. On pouvait donc aimer dans la vie réelle? L'amour existait donc ailleurs que dans les livres? Frumence avait beau le surmonter, et

Jennie le repousser, et Marius le nier, et Galathée le profaner, et Mac-Allan l'exagérer peut-être ; il était là, cet inconnu, mêlé à ma vie, et, jeté dans la balance de mes destinées, il y pesait plus, à lui tout seul, que toutes mes autres chances de désastre ou de salut. J'avais eu beau vouloir l'ôter de mon programme, il l'avait rempli quand même, à mon insu. C'est lui qui avait servi de prétexte aux inimitiés dont j'étais l'objet ; c'est lui qui, à l'état d'idéal ou de théorie, avait été le but innomé de toutes mes aspirations ; c'est lui qui, parlant toujours plus haut à mesure que je lui imposais silence, m'avait crié : « N'épouse pas Marius ; » c'est lui qui m'assurait le dévouement de Frumence, car Frumence ne m'aimait comme un père que parce qu'il aimait Jennie avec tout son être ; c'est lui enfin qui, sous les traits de Mac-Allan, se déguisait en homme d'affaires, et venait, comme dans les vieilles comédies, mettre un billet doux à la place d'un exploit d'huissier.

Je mentirais bien, si je jurais que je ne me sentis pas flattée, réjouie et un peu enivrée de l'effet produit par mon petit mérite sur un homme de cette distinction, peut-être fallait-il dire de cette valeur. Après la lettre que je venais de lire, il n'était plus possible de douter de sa loyauté ; restait à savoir si je devais compter sur la durée d'une flamme si soudaine. Mon amour-propre me suggérait d'y croire, et Frumence, en cherchant à le rabattre par ses doutes, le faisait un peu souffrir; mais Frumence prétendait ne pas savoir juger ce genre de passions. Les dédaignait-il toutes, ou en connaissait-il une, une seule digne de lui, une seule qui eût été digne de moi?

En cherchant à m'endormir pour échapper à cet imbroglio de mes pensées, je fis des rêves, ou plutôt des demi-rêves confus, à chaque instant dissipés par ma raison, qui voulait raisonner et ne pas se laisser abuser par le sommeil. Mac-Allan m'apparaissait sous des dehors charmants; je lui prêtais encore plus de grâce et de distinction qu'il n'en avait, bien qu'il en eût réellement beaucoup; je l'écoutais me dire mille choses que je n'avais pas comprises, qui m'avaient blessée, et qui maintenant caressaient mon oreille comme une musique délicieuse. Je le voyais cherchant à me rencontrer dans la montagne et revenant le cœur brisé parce que je l'avais évité, ou me suivant dans le ravin et s'enivrant du bonheur de me regarder lire.

Mais j'étais éveillée en sursaut par la voix de Frumence, qui me criait : « Gare! » et je le voyais passer dans un char de feu, emportant Jennie dans les nuages, tandis que je restais sous la tente de coutil de Mac-Allan, respirant un parfum de fleurs mêlé à des odeurs de savon de Windsor et de caoutchouc. Je devenais railleuse, je trouvais mon mari trop joli, trop spirituel et trop éloquent. Il me semblait aligner des phrases au lieu de soulever des idées ; je le traitais d'avocat et nous nous querellions. Lui me traitait de bohémienne, et je criais à Jennie :

— Pourquoi m'as-tu laissée avec cet Anglais?

Alors, secouant le rêve, je m'asseyais sur mon lit, les pieds pendants et les cheveux dénoués, et je me regardais en tremblant dans une glace qui servait de panneau à une de mes armoires.

— Est-ce que je suis si belle que cela? me disais-je. Où Mac-Allan a-t-il pris que je fusse belle? Frumence n'a jamais eu l'air de s'en douter, Jennie ne me l'a jamais dit, et Marius m'a dit cent fois que j'étais petite, noire, ébouriffée. Le plus beau compliment qu'il m'ait fait, c'est de me comparer à une figurine indienne assez gentille qui était sur la cheminée de ma grand'mère, et de m'appeler *princesse Pagode* dans ses jours de belle humeur.

Pourtant il fallait bien que j'eusse quelque charme, puisqu'un homme de quarante ans en était si frappé; et le chiffre de Mac-Allan, au lieu de lui être compté comme un défaut, me faisait apprécier davantage l'hommage qui m'était rendu.

C'est un dangereux flatteur et un effronté courtisan que l'amour! Comme il surprend l'esprit d'une jeune fille, dès qu'il parle à ses besoins de manifestation! Les phrénologues ont un mot barbare, *l'approbativité*, qui répond mieux qu'un autre à ce besoin d'encouragement inné dans l'homme, car c'est le premier élan de toute jeunesse vers la sympathie et la protection. Avant la première parole d'amour, le jeune homme, aussi bien que la jeune fille, s'ignore lui-même. Il vit dans la crainte des autres et dans la méfiance de soi. La jeune fille, encore plus facile à froisser, rougit quand on la regarde; et qu'y a-t-il sous cette rougeur? Un premier trouble des sens? Non, pas toujours, car bien souvent elle ignore ses sens. C'est bien plutôt la peur d'être méconnue, raillée ou dédaignée. A l'âge où tout sourit à la faiblesse, l'ombre de l'ironie, du dédain, ou seulement de la curiosité passe sur l'âme du faible comme un nuage; mais l'amour arrive avec ses exagérations poétiques ou ses ardentes hyperboles, et l'enfant d'hier entre dans la vie. Il sent sa valeur, ou il la cherche en lui-même, il devient un être complet, ou il aspire à le devenir. Il se sent pour la première fois assuré d'exister. Qu'il partage ou non le sentiment qu'il inspire, il ne saurait le dédaigner, et il s'en empare comme d'une force qu'il cherchait et qu'on lui apporte.

Cette prise de possession de la vie fut bien marquée en moi et ne se perdit pas dans le vague des surprises tumultueuses de l'inexpérience. J'avais reçu une éducation mâle, je m'étais crue à tort un grand philosophe; mais mon sens philosophique avait pourtant reçu un certain développement, et je voulais me rendre compte de tout. Je reconnus avec un peu de confusion que l'amour de Mac-Allan m'était agréable, et que j'avais été hypocrite en cachant à Jennie et à Frumence la satisfaction que j'en ressentais. J'invoquai alors ma propre loyauté contre les suggestions de ma vanité, et je trouvai que j'avais dû, que je devais encore combattre l'enivrement, à moins que je ne fusse bien décidée à m'y livrer et à rendre l'affection qui m'était offerte.

C'est là que la solution cherchée me devint impossible à trouver et me donna une sorte de fièvre. Je ne sentais aucun engouement, aucun aveuglement de préférence pour Mac-Allan. J'appréciais sans trouble ses qualités, je les voyais en moins plutôt qu'en plus. Son approbation ne me semblait pas apaiser ma soif d'approbation. J'en souhaitais une plus complète, plus élevée et plus flatteuse encore. Celle de Frumence pour Jennie? Peut-être! Et pourtant Frumence me paraissait trop stoïque et trop supérieur à son propre amour. J'eusse voulu rencontrer un être aussi grandement fort que Frumence, et aussi délicatement impétueux que Mac-Allan. Cela dépendait peut-être de la personne aimée : peut-être Jennie était-elle trop austère pour que Frumence fût passionné avec elle ; peut-être étais-je trop enfant pour que Mac-Allan fût sérieux avec moi.

Je me résumai enfin en constatant que mon cœur était ému et non rempli, mon esprit charmé et non satisfait, et je m'endormis de guerre lasse en me disant :

— Ou je suis encore trop jeune pour aimer, ou j'ai déjà passé l'âge des illusions.

LVII

Je dormis peu et m'éveillai avec le jour, m'étonnant de me trouver sans fatigue, comme si les agitations de mon insomnie eussent été un milieu désormais approprié à mes forces de vitalité. Je pensai à Frumence avant de penser à Mac-Allan. Mes souvenirs de la veille se coordonnèrent, et je vis devant mes yeux cette phrase de la lettre de l'avocat à sa cliente : *Bien qu'il soit sans fortune et sans naissance, ce ne serait certes pas une honte, ce serait peut-être une vaillance de cœur et d'esprit de la part de Lucienne que de l'avoir choisi pour le futur compagnon de sa vie.* Cette phrase m'avait tellement troublée et intimidée, que je l'avais à peine articulée en la lisant à Jennie; mais Jennie avait paru l'entendre et la peser aussi bien que les autres phrases de la lettre.

Pourquoi Mac-Allan l'avait-il écrite, sachant qu'elle serait placée sous mes yeux? Était-ce une courtoisie exquise ou une noble acceptation de rivalité à l'adresse de Frumence? Était-ce la réhabilitation généreuse d'un sentiment qu'il m'attribuait secrètement et qu'il était résolu à combattre ou à pardonner? Mac-Allan était jaloux malgré lui de Frumence; Galathée l'affirmait, pauvre affirmation! Mais Jennie n'avait pas dit que cela fût impossible, et il me semblait ne devoir plus en douter.

Qu'allais-je donc résoudre? Dissiper cette jalousie était un devoir, si j'agréais les soins de Mac-Allan; mais, si je ne les acceptais pas, avais-je besoin de me justifier? Me justifier de quoi d'ailleurs? Pouvais-je avoir songé à faire de Frumence le compagnon de ma vie sans l'associer dans ma pensée à la femme qu'il aimait? Épouser Frumence! non vraiment, je n'y avais jamais songé, et cette chose impossible me surprenait comme un outrage fait à ma raison. Mac-Allan pouvait-il m'interroger sur une supposition qu'il repoussait lui-même, puisqu'il savait l'union projetée avec Jennie et prenait Frumence pour son confident ?

J'achevais à peine de déjeuner, lorsque Jennie m'avertit de l'arrivée de *mon amoureux*. Jennie n'avait jamais prononcé un pareil mot devant moi, et je faillis en être blessée; mais je vis à son sourire qu'elle voulait me dire par là : « Ne prenez pas les choses si sérieusement. Apportez-y la gaieté qui est une défense sans pruderie et sans danger. »

J'avais été bien tentée de me faire valoir un peu et de marchander l'audience à *mon amoureux;* mais il pouvait ne venir qu'en qualité de plénipotentiaire : je devais ne pas paraître soupçonner autre chose. Je le reçus sans surprise et sans solennité. Il vint d'ailleurs, dès le premier mot, au-devant de toute objection.

— Je me présente, dit-il, sans avoir sollicité l'honneur d'être admis aujourd'hui chez vous, et c'est une perfidie de ma part, je m'en confesse. Vous m'auriez peut-être trouvé indiscret. J'aime encore mieux être franchement importun et vous voir à tout prix que d'être éconduit sans vous voir. Me voilà ; souffrez-moi , puisque , ne m'ayant rien permis, vous n'êtes engagée à rien.

— Est-ce là, lui répondis-je en souriant d'un air

aussi dégagé qu'il me fut possible de le prendre, le langage sérieux qui convient à un homme à qui j'ai une reconnaissance aussi sérieuse à exprimer?

— De quoi diable parlez-vous là, mademoiselle de Valangis? reprit-il d'un ton moitié inquiet, moitié léger.

— Je parle de la lettre que vous avez écrite à votre cliente. Comment vous remercierai-je de la bonne opinion que vous avez conçue de moi sans me connaître, et que vous n'avez pas craint de manifester si vite?

— La vérité est un éclair, répondit Mac-Allan. Le légiste la cherche avec des soins infinis et des scrupules admirables; mais dans les affaires comme dans la science elle fuit quand on croit la saisir. Je suis un étrange avocat, n'est-ce pas? car j'ai passé ma vie dans de sèches analyses et dans d'arides calculs de probabilité. Que voulez-vous! c'est ma profession et je l'ai aimée comme un art; mais, après vingt ans d'études comme au premier jour, je ne trouve qu'un *criterium* pour saisir le vrai : la première impression, l'éclair! En amour, cela s'appelle le coup de foudre.

— Je ne connais rien à l'amour, repris-je; mais cela doit être soumis aux mêmes lois que les autres opérations de l'esprit. Est-ce que vous ne craignez pas de vous fier ainsi au premier mouvement? Il ne vous est jamais arrivé d'en avoir regret et de vous dire : « Je me suis trompé? »

— Cela m'est arrivé rarement, et seulement quand j'étais très-jeune. Un homme fait qui a passé sa vie à observer les hommes et les femmes aux prises avec leurs intérêts et leurs passions est un véritable imbécile, s'il n'a pas appris à voir du premier coup d'œil; et, dans ce cas-là, plus il accumule ses observations, plus il faut se méfier de son laborieux et misérable jugement.

— Pensez-vous que lady Woodcliffe partage votre conviction, et qu'elle ne récuse pas un témoignage si prompt et si entier?

— Lady Woodcliffe...

— Eh bien, pourquoi hésiter à me faire part de vos prévisions?

— Parce qu'il me faut vous parler de son caractère, et que cela est très en dehors de mon programme.

— Ne me dites rien que vous puissiez regretter de m'avoir dit. Vous êtes avocat : vous devez savoir dire strictement ce qu'il vous plaît de dire.

— Vous raillez les avocats, vous les méprisez même un peu. Si j'en étais sûr, j'aurais bien vite jeté la robe aux orties!

— Ce n'est pas là répondre. Exigez-vous que je

reste dans l'inquiétude, quand la lettre que vous m'avez fait lire semblait me promettre l'espérance?

— Ce n'était pas là mon but. L'espérance est une sirène qui chante bien, mais qui glisse merveilleusement entre deux eaux. Ce n'est pas la femme, c'est l'espérance qui est *perfide comme l'onde!* Je n'ai donc pu prendre sur moi de vous garantir le succès de ma démarche. Je tenais à vous prouver une seule chose, c'est que je suis un honnête homme, et que, si vous vous méfiez encore de moi, vous êtes injuste pour le plaisir de l'être.

— Cela est certain; monsieur Mac-Allan, ne me croyez pas capable de cette injustice : elle serait lâche ou insensée! Je voudrais pouvoir me fier aux bons instincts de lady Woodcliffe comme je me fie maintenant à votre générosité.

— Eh bien!... lady Woodcliffe, quels que soient ses instincts, sur lesquels il ne m'appartient pas de vous renseigner, est une personne haut placée par sa naissance, par son esprit très-apprécié, sa beauté encore appréciable, et ses relations toujours brillantes en dépit de certaines luttes...

— Que lui a attirées son mariage avec un émigré français, bon gentilhomme, mais nullement marquis.

— Prenez garde, mademoiselle Lucienne! si vous

raillez les titres dont lady Woodcliffe est jalouse, j'aurai sujet de douter que vous apparteniez à la famille.

— Il faudrait donc aussi douter de ma grand'-mère qui ne voulait pas de ces usurpations de titres? Mais passons! Lady Woodcliffe est, malgré sa prétendue mésalliance, si haut placée, disiez-vous...

— Qu'elle est sensible comme elle doit l'être à l'opinion. J'ai donc appuyé sur cette corde en lui disant qu'une persécution gratuite serait blâmée, et, quelles que soient vos préventions contre ma cliente, vous devez admettre mon raisonnement comme le meilleur qui pût être fait dans la circonstance.

— Ai-je donc des préventions contre elle? Vraiment, monsieur Mac-Allan, je n'en sais rien. Je ne sais rien d'elle, sinon qu'elle m'a laissé ignorer à dessein ses intentions, tandis que je vous ai dévoilé les miennes.

— A présent, mon enfant, dit Mac-Allan avec un ton paterne qui n'était pas une des moindres bizarreries de sa mobilité d'aspects, vous savez tout ce qu'il vous importe de savoir. On vous a calomniée. Lady Woodcliffe et moi, nous avons été induits en erreur. Nous avons cru sauvegarder la dignité de la famille en cherchant à vous en exclure. Ces motifs n'existent plus, puisqu'ils n'ont jamais existé. Je le reconnais, et en cela je ne fais que mon devoir. Je somme ma cliente de faire le sien. Si j'échoue, je croirai qu'elle a d'autres raisons pour vous repousser, et, avant de m'y soumettre, j'exigerai, moi, qu'on me les soumette. Vous ne supposez pas, j'espère, que je sois une chose dans les mains de quelqu'un, une machine que l'on graisse avec de l'argent pour la faire fonctionner dans le sens que l'on souhaite. Je suis un homme et un *gentleman*, et même, si cela peut me relever tant soit peu à vos yeux, mademoiselle Lucienne, je peux vous dire que, moi aussi, j'ai des aïeux qui n'ajoutent rien, selon moi, à ma valeur personnelle, mais qui empêcheront toujours mes nobles clients de me traiter comme le premier venu exerçant une profession libérale. C'est un préjugé dont je ne me sers pas, mais qui me sert malgré moi dans le milieu aristocratique où j'exerce. En outre, je suis aussi riche que la plupart de ceux qui me confient leurs intérêts. C'est à mon père, avocat comme moi, que je dois ma fortune. Moi, je ne l'ai augmentée que pour le plaisir d'augmenter mon indépendance, et personne ne peut se flatter d'influencer ma judiciaire en me promettant des profits quelconques. Ici, avec vous, et vis-à-vis de lady Woodcliffe, je travaille our l'art, pour mon plaisir, pour mon honneur. Je ne suis pas envoyé par elle. Je partais pour visiter le midi de la France, et, le récit de votre histoire romanesque m'ayant alléché, j'ai offert de rechercher la vérité. J'ai accepté des pouvoirs que je ne trahirai pas, mais dont un zèle vénal ne me fera pas dépasser les limites. Donc, lady Woodcliffe peut les révoquer quand il lui plaira, et je ne crains pas son dépit, dût-il naître à ce propos. Ma réputation est à l'abri de toute atteinte comme de tout soupçon, croyez-le bien, Lucienne, car c'est la seule chose que je sois fier de vous offrir... comme garantie de ma conduite dans vos affaires.

LVIII

Je causai deux heures avec Mac-Allan, allant du salon au parterre, et de la Salle verte à la prairie, tantôt avec Jennie, qui allait et venait, tantôt seule avec *mon amoureux*. Il m'était bien impossible de ne pas voir qu'il l'était réellement, mais j'évitai avec soin toute expansion de sa part, et je dois dire qu'il se tint avec une exquise délicatesse à la limite de l'amour et de l'amitié, sans que je fusse privée de la franche parole de l'une et de la douce chanson de l'autre.

Le soir, Frumence écrivit à Jennie :

« L'a-t-elle donc si bien reçu ? Il revient enivré. Veut-elle que je l'encourage ou que je le désabuse? Veillez, Jennie, je vous en conjure, à ce qu'elle me donne le temps de le bien connaître. Je ne puis aller moi-même vous dire cela, l'abbé n'est pas trop bien. »

Je répondis moi-même :

« Ni encourager ni désabuser. J'attends et je sais attendre. »

Le lendemain, ce fut une lettre de Marius.

« Ma chère enfant, bien que tu aies refusé officiellement et sèchement la protection que j'eusse été disposé à t'offrir, je te dois encore, sinon des conseils, tu n'es sans doute pas disposée à les suivre, du moins des avertissements. Les assiduités de M. Mac-Allan risquent de te compromettre, si tu les autorises quelques jours de plus. Ce monsieur ne cache à personne que tu lui plais et qu'il est assez riche pour t'épouser sans dot, assez excentrique pour te préférer sans nom. Il aurait dû, je pense, commencer ses confidences par une démarche auprès de M. Barthez, ton seul appui sérieux, ou de M. de Malaval, ton seul parent d'âge mûr. Enfin il me semble que j'eusse été un confident mieux choisi que Frumence, qui certes est un brave garçon, mais qui n'a aucune idée des convenances et aucune connaissance du monde. Tu peux dire à M. Mac-Allan que je trouve sa conduite légère, il le prendra comme il voudra. Certes tu es bien libre d'épouser qui bon te semble ; mais il ne faut pas commencer par soulever l'opinion contre soi, surtout dans la situation délicate où te voilà. Engage donc ce joli Anglais à se conformer à nos usages, et apprends-lui qu'en France une demoiselle de ton âge ne se marie pas toute seule et ne se laisse pas faire la cour par un inconnu. Si c'est malgré toi, ou à ton insu, que ce monsieur te compromet, charge-moi de t'en débarrasser, ce ne sera pas long ; si c'est avec ton agrément, je n'ai pas le droit de prendre malgré toi ta défense, mais je te signale le danger où tu te jettes, et c'est à toi d'aviser. — Ton cousin et ami quand même,

« MARIUS. »

Cette démarche de Marius me blessa. Je le trouvais bien vaillant et bien généreux de s'occuper de ma réputation après m'avoir si facilement abandonnée à moi-même. Je ne voulais pas m'occuper de sa lettre, mais Jennie désira consulter M. Barthez. Comme il était très-affairé, nous allâmes à

Toulon le trouver dans son étude. Le style de Marius lui fit hausser les épaules.

— Il ne sied pas, dit-il, de faire le bravache quand on manque de courage moral. Marius a laissé échapper le moment de se bien montrer ; il aura de la peine à le retrouver. Quant aux dangers que Mac-Allan peut faire courir à votre réputation, ces dangers-là se forgent au *moulin*, et, quant à Mac-Allan lui-même, j'ai été aux informations. Nous avons en Provence assez d'Anglais considérables pour qu'il m'ait été facile de me bien renseigner. C'est un homme de mérite très-connu en son pays et sous les meilleurs rapports. Je le crois incapable de vouloir nous compromettre, et sa présence auprès de vous est tellement motivée, tellement indispensable aux affaires dont il traite avec vous, que personne ne peut s'en formaliser. Faites-lui donc l'accueil qu'il mérite, et gardez-vous bien de sacrifier les espérances que sa conduite doit nous donner, à de vains avis dont le but est d'éloigner de vous toute réelle protection.

M. Barthez avait reçu communication de la lettre de Mac-Allan à lady Woodcliffe. Il ne doutait pas du succès, et il réussit à nous y faire croire. Je me tranquillisai donc, et pourtant, malgré l'intérêt assez vif que m'inspirait Mac-Allan, j'aurais voulu ne pas le revoir trop tôt. J'avais de l'éloignement pour le rôle qu'il me fallait jouer vis-à-vis de lui. Il me semblait que j'avais l'air d'attendre sa déclaration, et j'étais gênée dans toutes mes paroles, dans tous mes mouvements, depuis qu'il y avait auprès de moi quelqu'un qui pouvait me soupçonner de m'observer devant lui.

Il revint plusieurs fois, et il fut charmant. Je ne m'habituais pas à ses originalités; mais elles étaient loin de me déplaire, car elles découvraient en lui un côté naïf dont j'avais trop douté, et en même temps elles m'attiraient comme l'inconnu attire l'imagination. Nous nous querellions un peu; il était susceptible, et j'avais toujours des velléités de raillerie. Sa grande préoccupation était d'échapper aux travers et aux ridicules que nous reprochons aux Anglais, et que dans ce temps-là, alors que nous n'avions pas encore pris beaucoup de leurs qualités et de leurs défauts, nous trouvions beaucoup plus frappants qu'aujourd'hui. Aussi, à force de craindre d'être lourd et compassé, Mac-Allan devenait parfois frivole, et je lui reprochais de n'être plus assez Anglais. Je craignais surtout de rencontrer en lui certaines ressemblances avec Marius, ne fût-ce que celle d'un excès de soins donnés à sa personne et d'un excès de politesse avec les indifférents; mais il avait un tel dédain pour le caractère de Marius, que j'aurais craint de le blesser en lui signalant ces ressemblances. Elles n'existaient, d'ailleurs, qu'à la surface. Mac-Allan était éminemment généreux et audacieux devant toutes les chances de la vie. Je ne sais si, arrivé à la fortune, à l'indépendance et à la réputation, il avait beaucoup de mérite à savoir tout affronter pour satisfaire son cœur et son esprit, et, quand je voulais l'empêcher de trop déprécier mon cousin, je lui demandais si, dans une situation aussi précaire, il eût montré plus d'énergie. Il s'irritait de ce doute.

— Il faut, me disait-il, juger l'arbre à ses fruits. Vous qui êtes botaniste, vous savez bien qu'on ne spécifie pas une plante avant de connaître sa maturité. L'homme en fleur et en feuilles n'est pas encore un homme, et pourtant il est déjà facile de déterminer si sa fleur est stérile et si ses feuilles sont caduques. Marius est un de ces sujets avortés, ou plutôt un de ces produits factices qui simulent au printemps l'éclat de la vie ; mais vous savez bien que l'été les fera sécher et disparaître. Eh bien, moi, je penche vers l'automne, et vous êtes surprise de me trouver jeune d'idées et de sentiments. C'est qu'au printemps j'étais déjà quelque chose, et que ce quelque chose est devenu un tout.

Il aimait les métaphores, au contraire de Frumence, qui ne s'en servait presque jamais et en faisait peu de cas. L'esprit de Mac-Allan était moins nourri, mais plus orné. Il avait beaucoup vu, et, s'il n'avait pas examiné les grandes racines des choses, il en avait du moins saisi la physionomie avec beaucoup de goût et de netteté. Ses récits de voyages étaient instructifs et amusants. Il avait le sens artiste, l'expression pittoresque. Il jugeait assez bien les hommes, avec un peu trop d'indulgence selon moi, car le bien et le mal me frappaient vivement, tandis qu'il les accordait quelquefois dans une sorte d'antithèse fatale qu'il jugeait nécessaire à l'équilibre universel. Quelquefois il me paraissait sceptique par manque de profondeur ; en d'autres moments, j'étais frappée de la solidité de ses analyses, et je le sentais très-supérieur à moi dans la pratique de la vie morale et philosophique. Il ne savait pas méditer comme Frumence et sortir de sa méditation avec une victoire sur lui-même, ou avec une notion plus vaste de l'objet de sa recherche. Plus instinctif et plus impatient, il attrapait ses idées au vol et ses certitudes à coups de flèche; mais il visait juste, et l'esprit lui tenait lieu de génie.

LIX

Huit jours s'écoulèrent pour moi comme une heure. Mac-Allan venait de deux jours l'un, tantôt le matin, tantôt dans l'après-midi, et, bien que Frumence l'eût jugé fragile de corps et délicat d'habitudes, il marchait comme un Basque et supportait la chaleur aussi bien que nous. Il n'affectait pas la force, et il en avait beaucoup. Il persistait à se préserver de tout. Il avait des ombrelles, des voiles, des éventails, des précautions de toute sorte, que je raillais toujours et dont j'eusse dédaigné de me servir; mais enfin il avait fait des milliers de lieues sous des latitudes terribles, et il n'y avait pas perdu un seul de ses beaux cheveux blonds et soyeux, pas une de ses dents blanches, pas une de ses grâces efféminées et charmantes; cet homme frêle et joli était trempé comme l'acier le plus fin. Frumence, en l'examinant, me disait à l'oreille :

— Tout se tient; cette force physique, cachée sous cette apparence ténue, doit avoir pour équivalent, dans l'ordre moral, une volonté ardente cachée sous un esprit délié.

Frumence paraissait l'aimer chaque jour davantage, Frumence désirait évidemment qu'il me plût. Il me plaisait certainement beaucoup; mais, lorsque Frumence s'efforçait de me le faire apprécier complétement, je sentais que Mac-Allan me plaisait moins. J'étais bizarre, irrésolue; j'avais des caprices, des joies soudaines, des colères étouffées, des rires d'enfant, des envies de pleurer; mais je n'étais pas encore au plus fort de la crise. Mac-Allan ne me disait rien qui pût m'obliger à prendre un parti; Frumence, qui voulait gagner du temps pour le connaître et préserver sa propre loyauté, ne me répétait plus ses confidences.

La réponse de lady Woodcliffe arriva, et il fallut songer de part et d'autre à se prononcer. Cette réponse fut sèche et brève. L'aversion personnelle de ma belle-mère contre moi s'y manifestait plus implacable et plus mystérieuse que jamais. Mac-Allan refusa de nous en dire les termes; mais il dut déclarer sur-le-champ à mes conseils et à moi qu'on le dispensait de poursuivre une affaire qu'il paraissait abandonner de son plein gré; qu'il ne devait donc pas trouver étrange de voir donner procuration à un autre mandataire chargé de protester contre le testament de ma grand'mère et de contester mon état civil avec la dernière rigueur, à moins qu'autorisée par mon conseil de famille, et dans le délai de trois jours, je n'eusse signé mon désistement de toute prétention à l'héritage et au nom de Valangis. A ce prix, on m'offrait toujours vingt-quatre mille francs de pension viagère et on m'enjoignait de quitter la France au bout de huit jours pour aller où bon me semblerait, *sauf en Angleterre.* Si je manquais, *fût-ce momentanément,* à cette prescription, ma pension serait immédiatement supprimée. Tout cela était si brutal et si offensant, que ni M. Barthez, ni Frumence, ni M. de Malaval, ni Marius, ni Jennie, comme on peut le croire, ne me dirent un mot pour influencer ma réponse.

— Ayez l'obligeance, dis-je à M. Barthez, d'écrire une ou deux lignes à lady Woodcliffe pour lui annoncer que je refuse toute espèce de transaction et m'en tiens à mes droits.

Nous étions à Toulon dans le cabinet de M. Barthez, qui nous avait réunis pour recevoir la communication. Il en avait exclu seulement M. Reppe. Tous se levèrent et vinrent me serrer la main en silence, Frumence avec un éclair d'orgueil paternel dans les yeux, Barthez avec dignité, Malaval d'un air distrait, Marius avec une roideur solennelle et sombre, comme s'il eût jeté l'eau bénite sur mon drap mortuaire. Sa figure me parut si plaisante, que je fus sur le point d'éclater de rire; Jennie cacha mon visage en m'embrassant vite, et on put se séparer gravement.

Nous étions à peine rentrées chez nous, que Frumence et Mac-Allan vinrent nous y rejoindre.

Mac-Allan se présenta radieux.

— Eh bien, me dit-il, vous avez non-seulement brûlé votre navire, vous avez fait sauter toute votre escadre, puisque j'en étais et que je saute avec vous; mais jamais on n'a sauté de meilleure grâce que vous ne l'avez fait, et de meilleur cœur que je ne le fais moi-même. Reste à savoir ce que nous allons faire de nos épaves. Pour y aviser au plus vite, je viens vous demander de m'écouter seul.

Nous étions seuls. Je m'étonnai de cette précaution oratoire.

— Il me semble, lui répondis-je, que vous n'avez rien à me dire que Frumence et Jennie ne puissent et ne doivent entendre.

— Et vous vous trompez, dit Mac-Allan, qui avait repris sa figure d'avocat. C'est l'homme d'affaires qui veut se consulter avec vous. Frumence sait très-bien que vous seule devez décider la question que j'ai à vous soumettre.

— Espérez-vous que j'aurai un secret pour Jennie?

— Je suis certain que vous aurez un secret pour Jennie ; vous allez voir !

Il m'offrit son bras et nous descendîmes à la rivière, où, assis près de moi sous les aunes, Mac-Allan parla ainsi :

— Vous avez pris une noble résolution, que j'approuve et que j'admire ; mais vous allez être forcée d'y renoncer. Vous refuserez les dons de lady Woodcliffe, ceci est certain ; mais vous ne défendrez pas vos droits, je vous en réponds. Ne me faites pas vos grands yeux étonnés et méfiants. Je vous apporte la vérité, et personne au monde n'est mieux trempé que vous pour l'accepter avec toutes ses conséquences. Si vous laissez entamer un procès, Jennie, votre chère Jennie est compromise, perdue peut-être.

— Que me dites-vous là ? Est-ce sérieux ?

— C'est aussi sérieux que mon estime, mon amitié et mon respect pour Jennie. Je suis un homme sincère avant d'être un avocat, et celui qu'on va envoyer ici à ma place sera un avocat avant d'être un homme sincère. Ne vous méprenez pas à mes paroles ; ne croyez pas que j'aie la prétention d'être le seul homme équitable de ma profession. Non, certes ! Nous sommes, Dieu merci, beaucoup d'honnêtes gens dans la robe ; mais, quand on veut s'en rapporter à des textes de loi plus ou moins favorables sans tenir aucun compte des scrupules de la conscience et des questions de sentiment, on ne choisit pas son avocat parmi ceux qui respectent ces questions-là. On cherche et on trouve facilement des mandataires plus habiles et résolus d'avance à ne respecter rien. Donc, avant peu, s'il n'est arrivé déjà, nous allons voir apparaître à Toulon un adversaire redoutable, quelque avoué français bien retors, probablement suivi à l'arrière-garde de quelque avocat célèbre en scandales. Ces gens-là, n'ayant point de paroles de paix à vous apporter, mettront le feu aux poudres sans vous avertir, sans vous voir, sans consentir à vous connaître et à vous apprécier. Ils ne supposeront pas que vous êtes dans l'erreur et de bonne foi. Ils vous sommeront, en style d'huissier, de renoncer à des droits *frauduleusement* acquis : la légalité est ce qu'il y a de plus brutal au monde, et les luttes qu'elle provoque n'admettent pas les ménagements. Je doute que, malgré les tentatives qui pourront être faites pour vous déshonorer, on parvienne à vous trouver coupable d'intention et passible d'une peine quelconque ; mais Jennie portera tout le poids de la persécution, et sans nul doute elle sera accusée de s'être entendue avec son mari pour mettre l'enfant d'une bohémienne, le sien peut-être, à la place de l'héritière de Valangis. Je pourrais vous raconter d'avance tous les incidents et toutes les péripéties du drame judiciaire qui va s'engager. Le premier soin de Jennie sera de courir aux preuves, ainsi que Frumence, qui agira de son côté et ne sera pas médiocrement compromis pour son compte. Je vois d'ici sa complicité signalée dans l'acte d'accusation et prouvée à grand renfort d'attaques personnelles et de faits insidieux par l'avocat chargé de poursuivre. N'importe! supposons ce qui est le moins vraisemblable en l'état des choses actuel : Frumence et Jennie apportent des témoignages importants, des révélations frappantes. Êtes-vous sûre de triompher parce que, de mauvaise qu'elle est, votre cause deviendra bonne par miracle? Tous les clients inexpérimentés et candides, comme vous et Jennie, se font la douce illusion qu'une bonne cause ne peut pas être perdue. Tous les hommes de loi et tous les plaideurs éprouvés vous diront qu'il n'y a pas de bons procès. Le seul avocat consultant véridique et sensé qui existe est celui qui dit à ses clients : « Ne plaidez jamais. » Avec la plus belle cause du monde, avec les juges les plus éclairés et les plus intègres, avec le défenseur le plus éloquent et le plus habile, avec les témoignages les plus éclatants et les preuves les plus irrécusables, avec la conduite la plus noble et la plus prudente, avec toutes les chances pour vous en un mot, vous pouvez encore être vaincu par un texte interprété à propos contre vous, par une rouerie de procédure, par un accident fortuit, par une mouche qui aura volé sur les têtes du tribunal, par moins que cela, par quelque chose d'innomé et d'insaisissable qui se rencontre toujours dans un des plateaux de la balance de Thémis et qui frappe de stupeur les plus vieux légistes. Croyez-vous donc que des innocents soient tous les jours sciemment condamnés? Non; au temps où nous vivons, cela est rare, j'en suis certain, et le juge qui se trompe avec la conscience de son erreur est un juge exceptionnel. Je suis optimiste, vous le savez, quand je fais la part du mal et du bien équilibrés en ce monde. Je ne crois à rien d'absolu sur la terre, et j'ai trop perdu de bonnes causes pour accuser le genre humain de savoir ce qu'il fait. Non, Lucienne, non, il ne le sait pas, et remettre ses destinées à l'arbitrage de quelques hommes, fussent-ils des hommes d'élite, est aussi sage que de s'embarquer sans gouvernail par la tempête. Citez-moi une seule cause célèbre qui ait jamais satisfait la raison et la conscience individuelles! Je n'ai jamais ouï parler d'une de ces causes qui ont tant fait parler, sans entendre cette réflexion : *On n'a pourtant jamais su la vérité sur cette affaire-là!* Les plus grands coupables de la légende et de l'histoire judiciaires trouvent encore des défenseurs, et les plus grands triomphes laissent des doutes. Combien d'avocats jeunes et vieux se mordent les poings en songeant que les prisons et les bagnes recèlent des malheureux qu'ils ont défendus, qu'ils défendraient encore de bonne foi! A mes yeux, comme aux yeux de tous, tout procès laisse après lui un point mystérieux que nul œil humain ne peut percer, et qui fournit un inépuisable texte aux commentaires du public et de la postérité.

« J'ai une idée là-dessus, et je veux vous la dire. Le crime est toujours inexpliqué, parce qu'il est de sa nature inexplicable. Le crime est un acte de démence; la fraude la mieux ourdie a pour point de départ une aberration du jugement, une stupidité de la conscience, un vide par conséquent. Comment saisir le vide? comment peser le manque de poids? Cela n'est pas donné à l'homme, et, devant ce vide, devant cette absence de la notion de l'humanité qui fait commettre des actes antihumains, voilà toute une science, toute une sagesse humaine qui s'émeut, se consulte, se met à la torture, et raisonne à perte de vue pour plaider et juger, c'est-à-dire pour prouver et prononcer. Prouver quoi et prononcer sur quoi? Prouver que la démence a eu des intentions logiques! prononcer sur la part que la raison humaine a eue dans des volontés insensées! Vous voyez bien que c'est impossible, et que, si nous allions au fond de votre propre aventure, nous y trouverions un homme qui s'appelait Anseaume, qui voulait faire fortune à tout prix et par les moyens les plus absurdes; qui, au lieu de s'en remettre au bon sens et à la probité de sa femme pour gagner sa vie, inventait à toute heure des combinaisons fantasques dont il ne pouvait pas seulement lui rendre compte, et qu'elle n'eût pas comprises, disait-il, par la bonne raison qu'il ne les comprenait pas lui-même; un homme qui, un beau matin, je le crois fermement, Lucienne, a vu passer près de lui une voiture où un enfant dormait sur les genoux de sa nourrice endormie, et l'a pris d'abord sans savoir pourquoi, et puis l'a gardé sous l'influence d'un rêve de fortune si hasardé, qu'il n'a pas su le réaliser et s'est bientôt effrayé des périls attachés à l'exécution. Ou bien, il y a mieux encore, Jennie elle-même l'a dit et l'a entendu dire au contrebandier : il a vite oublié ce rêve, ce projet mal conçu et nullement digéré, pour passer à une suite d'autres rêves qui l'ont finalement conduit à la maison des fous. Seulement, comme cet homme n'était que fou et sans conscience, — par conséquent, comme il avait des instincts de douceur et de pitié (il n'était ni cruel ni brutal, Jennie l'a déclaré, Jennie l'a aimé, Jennie l'aime peut-être encore et n'ose donner à Frumence un cœur déchiré par le souvenir de sa déception), — cet homme a pris soin du pauvre enfant; il a trouvé une mendiante quelconque pour l'allaiter, et il l'a porté à sa femme pour qu'elle l'adoptât et le fît sien jusqu'à nouvel ordre. Voilà toute l'histoire d'Anseaume et tout le fond de votre procès, le rêve d'un insensé! Il m'est impossible d'y voir autre chose.

« Mais croyez-vous que le parquet et le tribunal gravement convoqués sur leurs siéges, que le barreau ardemment appelé sous les armes, vont se contenter d'une explication si simple et qui aboutit à un acquittement pour la mémoire d'Anseaume? Non, ce ne serait pas la peine d'avoir fait tant de frais d'éloquence et de perspicacité. Il faudra trouver un crime, constater un rapt prémédité, saisir un coupable. Anseaume n'est plus; mais il a eu un complice: on le cherche, on le trouve, ou on ne le trouve pas; mais il y a eu une recéleuse, une confidente, un instrument, et Jennie, héritant seule de la charge et du bénéfice de l'affaire, est venue rendre l'enfant et réclamer sa récompense. Elle n'en a pas voulu, de cette récompense, nous le savons. Qui le prouvera pourtant? Ses ennemis consentiront-ils à le croire? Sa tendresse pour vous la ramène ici, où elle était chèrement rétribuée, elle le dit elle-même, et nous savons bien qu'elle garde son argent pour vous en cas de désastre; mais on ne prouve pas les intentions en justice, et, Jennie prouvât-elle les siennes, votre cause est la même, et on vous accusera de vol en commun.

— Assez, assez, monsieur Mac-Allan! m'écriai-je, vous me donnez froid.

— Je me résume, reprit-il, et je vais avoir fini. Si j'étais avocat de votre partie adverse, je ferais ce que j'ai fait. J'examinerais la localité, je suivrais pas à pas le chemin qui côtoie la Dardenne, et je ne laisserais pas échapper certain angle de ce chemin escarpé, certain pont fort étroit sur lequel ont pu passer sans encombre des chevaux raisonnables, habitués à être conduits par un cocher dormeur. Je ne manquerais pas d'observer que, d'une voiture découverte, — je me plaindrais du soin qu'on a pris de changer et de transformer cette voiture qui eût pu servir de pièce de conviction, je l'ai vue sous votre remise, — je ne manquerais pas d'observer, dis-je, que, d'une voiture découverte rasant le bord du chemin ou le parapet très-bas du petit pont, un petit enfant endormi a pu tomber dans le torrent qui roule et s'engouffre dans ces deux endroits, qu'il a dû être entraîné sans que ses cris fussent entendus au milieu de la *clameur des ondes,* — je ne me priverais pas de faire du style, — et qu'il a pu disparaître à jamais dans un de ces abîmes inexplorés, peut-être inexplorables, que l'on rencontre à chaque pas dans ce pays et sous le courant de cette rivière. J'admettrais qu'Anseaume ou tout autre voyageur suspect et mystérieux, mal avec la police, marchant dans les ravins plus souvent que sur les routes battues, a été témoin de l'accident, et, n'y pouvant porter remède, ne s'est pas soucié d'appeler et de se montrer pour en rendre compte; qu'ensuite, ruminant en lui l'imprévu et les conséquences de l'aventure, cet homme a forgé et confié à un compagnon, à son ami Bouchette, à sa femme Jennie ou à sa commère Isa Carrian, le roman qui aboutit à une substitution d'enfant quatre ans plus tard, — quatre ans qui ne permettent pas de constater l'identité! — Enfin je décréterais que mademoiselle Lucienne est morte, et cela serait rendu fort probable par un témoignage assez important auquel vous ne songez pas, mais que vos ennemis tiennent en réserve, le témoignage de votre nourrice.

« — Cette femme est folle! s'écriera votre défenseur.

« — Très-bien ! lui répondrai-je, vous le reconnaissez, et nous l'affirmons. Denise est folle, elle l'a toujours été, c'est justement dans un accès de démence qu'elle a précipité l'enfant.

« Elle s'en souvient, elle s'en accuse ; elle a des moments lucides où elle s'en repent, des moments d'exaspération où elle s'en vante, et elle ne varie plus; car madame Capeforte l'entretient dans ce souvenir et affirme que, beaucoup plus tard, Denise a fait une tentative pour vous jeter encore dans le torrent durant une promenade dans la même voiture. Frumence et Marius étaient présents et ne pourront le nier. Le docteur Reppe attestera que chez Denise l'idée de vous faire périr était une idée fixe, et, grâce à ces circonstances, le témoignage de la folle sera écrasant. Ainsi, la petite Lucienne n'est plus, et la petite Yvonne est une enfant de rencontre adoptée par Jennie à bon escient, vu que Jennie n'a pas pu se tromper sur l'âge même de son propre enfant, si jeune mère qu'elle fût, et prendre une petite fille de neuf mois pour sa fille, âgée du double. J'invoquerais donc contre mademoiselle Lucienne ici présente tous les motifs possibles de nullité d'actes civils tendants à lui attribuer le nom et l'héritage de madame de Valangis, et, contre madame Anseaume, je réclamerais l'amende et la prison, la misère et le déshonneur. Or, je gagnerais ou je perdrais ma cause; mais, si je la gagnais, je dirais à mademoiselle Lucienne ou à mademoiselle Yvonne éplorée: « On vous a offert le repos, l'indépendance et la fortune; vous avez préféré les satisfactions de l'orgueil, vous avez sacrifié Jennie, je m'en lave les mains! » J'ai tout dit, Lucienne; à vous de répondre!

— Ah! monsieur Mac-Allan, m'écriai-je en fondant en larmes, je vous remercie de m'avoir éclairée, et je vous jure ici devant Dieu que je ne plaiderai jamais.

— Cela n'est pas toujours possible, répondit-il. Il s'agit de trouver le moyen de ne pas plaider et celui de ne pas accepter le marché qui vous répugne.

— Dites-moi ce qu'il faut faire, je vous livre ma volonté.

— Il faut vous abstenir et vous laisser condamner par défaut; il faut quitter ce pays aimé, cette chère maison, ces braves amis qui auront le cœur brisé, ce digne Frumence, qui est préparé à tout! Il faut partir seule avec Jennie, qui saura bien aviser à vos moyens d'existence. L'important, c'est de vous préserver toutes deux d'une lutte atroce et d'un résultat inconnu. Si personne ne se présente pour faire valoir vos droits, il n'y aura pas de persécution, pas d'acte d'accusation, pas de recherche inutile, pas de vain scandale. Le tribunal appelé à se prononcer sur la validité du testament, et ne pouvant le faire sans rechercher votre état civil, il vous sera aisé de l'en empêcher en vous refusant à fournir vos preuves; M. Barthez connaissant vos motifs d'abstention, et les respectant, il faudra bien laisser prononcer contre vous l'entière radiation de vos droits et déclarer qu'il n'y a lieu à contestation. Lady Woodcliffe se contentera-t-elle de ce premier jugement, dont vous pourriez appeler? Il le faudra bien, si déraisonnable qu'elle soit, et elle ne mettrait pas les bonnes chances de son côté si elle voulait pousser plus loin la persécution. Pourtant il faut s'attendre à tout de la part d'une femme irritée, et nous aviserons aux moyens de la forcer à s'en tenir là... Mais vous voilà pensive : à quoi songez-vous maintenant?

— Je songe au moyen d'empêcher M. Barthez d'écrire à lady Woodcliffe; je crains qu'il ne l'ait fait déjà, et que, offensée de ma fierté, elle ne fasse un procès dans les règles, où Jennie serait compromise.

— Êtes-vous donc disposée maintenant à accepter ses dons ?

— Oui, et tous ses outrages, et la perte de mon honneur et de ma dignité, s'il faut cela pour assurer à jamais la tranquillité de Jennie.

— Vous ne reculeriez devant rien?

— Pourquoi reculer, si un peu de plus ou de moins expose ou préserve celle que je veux sauver à tout prix? Ne puis-je me consoler de l'humiliation qu'on m'inflige en faisant un bon usage de l'argent qu'on m'offre? Tenez, je fonderai un hôpital ou une usine pour donner du travail aux pauvres, et dont je ne toucherai jamais les profits; car, de ma vie, oh! grand Dieu! vous n'en doutez pas, j'espère, monsieur Mac-Allan? je ne veux avoir à moi une obole venant de lady Woodcliffe!

— Il y a une chose plus simple et plus prompte, reprit-il; acceptez tout, signez, et, le marché bien conclu, ne quittez pas la France ou allez en Angleterre; à l'instant même, votre pension est supprimée, et vous pourrez dire en souriant à tout le monde que vous l'avez fait à dessein.

— Oui, certes! m'écriai-je, je ne pensais plus à cela que l'on me chassait de mon pays! Eh bien, je resterai; j'irai m'établir aux Pommets, Jennie épousera Frumence et reprendra son commerce ambulant avec lui. Moi, je soignerai le pauvre abbé. Je lui lirai Eschyle et Platon, je le ferai vivre le plus longtemps possible, et je viendrai de temps en temps regarder en cachette cette chère maison et ce jardin, et l'arbre que ma bonne mère aimait!... Mais non, pourquoi? Je saurai renoncer à cela. J'aurai là-bas sa tombe et ses os. J'espère qu'on ne me les disputera pas! Au lieu d'habiter son salon et de prier sur sa chaise, je planterai des fleurs dans le cimetière où elle dort, et je serai encore plus près d'elle. Oui, oui, cela arrange tout; aidez-moi vite à l'exécuter, mon cher ami.

J'étais émue, je pleurais, et pourtant j'étais heureuse. Mac-Allan, avec qui j'avais enfin un mouvement de complet abandon et de confiance enthousiaste, me regardait avec des yeux humides, et il avait un tremblement nerveux. Je crus qu'il s'effrayait de me voir suivre si spontanément son avis et qu'il me plaignait.

— Ne croyez pas que je sois à plaindre, lui dis-je; au contraire, je n'ai jamais ressenti une joie si profonde. Vous allez le comprendre. Rappelez-vous ce que je vous disais il y a quinze jours. Je m'effrayais d'avoir un parti à prendre, sans savoir de quel côté était mon devoir. Eh bien, voilà quinze jours que je vis en face de ce problème et qu'il me brise. Vous venez de le résoudre; vous m'avez dit: « Il y a un moyen de rendre à Jennie ce qu'elle a fait pour vous, c'est de sacrifier votre orgueil. » Béni soyez-vous, Mac-Allan! voilà que je respire, voilà que j'existe, et, comme vous êtes le meilleur des hommes, je suis heureuse de vous devoir cela.

Mac-Allan plia lentement les genoux, se courba lentement jusqu'à terre et me baisa les pieds. Cet hommage si profond me surprit au point que j'en fus effrayée.

— De quoi donc me demandez-vous ainsi pardon? lui demandai-je. Est-ce que c'était une épreuve? Est-ce que vous m'avez trompée pour voir jusqu'où allait mon amitié pour Jennie?

— Non, non, dit-il en se relevant; je savais de quoi vous êtes capable, et je ne vous tromperai jamais. Je vous ai dit la vérité, et maintenant il faut agir. Je cours à Toulon pour empêcher M. Barthez d'écrire à Londres. Vous allez me remettre un billet pour lui; vous le prierez de venir ici demain ou de vous attendre chez lui. On nous a donné trois jours pour nous décider, à partir de la réception de la lettre. C'est demain soir que le délai expire, c'est demain soir qu'il faut envoyer à lady Woodcliffe le traité que je devais soumettre à votre signature, et que vous signerez en présence de M. Barthez et de vos autres conseils. De la part de M. Barthez, il n'y aura pas d'avis contraire; je sais qu'il désespère de votre cause et il comprendra fort bien vos motifs. Frumence vous comprendra encore mieux. Malaval, qui aime l'argent, comprendra à sa manière, et le chevalier Marius, vous voyant à la tête d'un beau revenu, vous offrira son cœur et son nom ; car, si vous voulez que l'affaire soit sérieuse, il faudra bien vous garder, Lucienne, de laisser pressentir par un seul mot d'impatience, par un seul geste de dédain, que vous comptez vous soustraire aux conditions du marché. Croyez que tout le monde vous approuvera d'abord d'accepter une transaction avantageuse, et que peu de gens vous comprendront quand vous en rejetterez avec mépris le bénéfice. Les choses positives sont du goût de la majorité. Les choses romanesques sont traitées par elle de folie et ne répondent qu'à l'idéal d'une imperceptible minorité. Vous aurez donc tour à tour le grand nombre et le petit nombre en votre faveur ; mais occupez-vous de vaincre le seul obstacle à vos généreux desseins : la résistance de Jennie.

— Oui, oui, c'est à quoi je pense : il faut que Jennie ne se doute pas du motif de ma conduite. Elle plaiderait, je crois, toute seule, pour sauver mon nom. Elle parcourrait la terre et les mers pour faire triompher la vérité. Jennie ne sait pas ce que c'est que de transiger, d'hésiter et de craindre. Elle ne croit qu'au bien ; elle traiterait vos conseils de rêverie. Il faut qu'elle taxe ma conduite de lâcheté. Oh ! oui, je vais avoir une grande lutte à soutenir contre elle ; mais c'est pour elle que je travaille, et je serai la plus forte. Pourvu que Frumence... Mais ne m'avez-vous pas dit que Frumence me comprendrait et m'aiderait ?

— Frumence est dans une situation terrible depuis longtemps, ma chère Lucienne. Il s'y est habitué, lui, l'homme prévoyant par excellence, idéaliste comme don Quichotte, et avec d'autant plus de mérite qu'il a le bon sens de Sancho et l'intelligence de la vie pratique autant que votre serviteur. Il savait bien qu'un jour viendrait où Jennie pouvait être perdue et lui compromis, si on vous contestait votre nom. Il ne voyait pas le remède. Je le lui ai montré, et le voilà qui, entre vous deux, son élève et sa fiancée, ne sait à quel héroïsme il doit se vouer. Il sent, il voit le parti que vous allez prendre. Il en est fier pour vous, et il en souffre pour Jennie et pour lui-même ; car il a son orgueil aussi, le cher philosophe, et il eût aimé le rôle le plus périlleux pour elle et pour lui ; mais il faut bien que votre précepteur vous laisse accomplir la tâche de vertu que ses leçons vous ont tracée, et que l'époux de Jennie consente à ce que sa femme soit sauvée par son enfant.

— Bien, bien, m'écriai-je en riant ; Frumence verra que son enfant a bien étudié les sages de l'antiquité... Mais le soleil baisse, vous n'avez pas un instant à perdre pour vous rendre à Toulon. Prenez mon cheval, puisqu'il est encore à nous aujourd'hui.

Mac-Allan tint longtemps ma main contre ses lèvres et partit sans me dire un mot qui eût rapport à lui-même. Je lui sus gré de ne penser qu'au devoir que j'avais à remplir.

LX

Frumence vint au-devant de moi comme j'allais rentrer.

— Eh bien, me dit-il, Mac-Allan va à Toulon, il est parti ?

— Oui, mon cher Frumence, et vous savez pourquoi.

— Jennie s'inquiète et s'étonne ; que lui direz-vous ?

— Je viens d'y réfléchir. Je lui dirai que je ne puis admettre les projets de Mac-Allan sur moi dans la situation précaire où je me trouve ; que le même sentiment de fierté qui m'a empêchée d'épouser Marius m'empêcherait d'épouser Mac-Allan : que je ne veux pas plus m'enrichir avec l'un que je n'ai voulu condamner l'autre à la misère, et j'ajouterai : « Comme il est possible que je prenne de l'affection pour Mac-Allan, je supprime les luttes et les scrupules qui me séparent de lui. J'accepte une fortune afin de ne pas avoir besoin de la sienne, et de pouvoir me dire que je l'aime pour lui-même. »

— Oui, voilà ce qu'il faut dire, car Jennie ne vous pardonnera une défaillance de courage qu'en se persuadant que vous cédez à un besoin du cœur.

— Alors, tout ira bien, Frumence. S'il le faut, je lui dirai que je suis très-éprise de Mac-Allan.

— Vous dites cela d'un ton qui m'inquiète pour lui.

— Je dis cela du ton d'une personne qui aime Mac-Allan de tout son cœur, mais qui ne désire en aucune façon se marier.

— Comment ! ce ne serait pas là la solution à toutes nos incertitudes, le dédommagement de tous vos sacrifices ?

— Vous trouvez que je dois regarder Mac-Allan comme une ressource dans mon dénûment ? Ah ! Frumence, si je me marie jamais, ce n'est pas ainsi que je veux me marier. Avant-hier, quand je croyais encore pouvoir conserver ma position, je pouvais examiner mon avenir. Aujourd'hui que je n'ai plus d'avenir, il faut qu'on me laisse cette consolation de placer mon rêve d'affection conjugale en dehors de mes intérêts personnels.

— Je vous comprends, Lucienne, et tout ce que je découvre en vous de droiture et de force depuis la mort de votre grand'mère dépasse encore mes prévisions. Oh ! vous méritez bien que Jennie vous préfère à moi, et que Frumence vous préfère à lui-même ! Devant l'exemple qu'une enfant telle que vous me donne, je serais bien lâche si je me plaignais de mon sort !

— Frumence, lui dis-je, il ne s'agit plus de vous sacrifier. Il faut que mon sacrifice à moi serve à quelque chose ; et à quoi servirait-il, sinon à votre bonheur ? Mac-Allan n'a pas eu le temps de vous le dire ; mais ma résolution, que vous devez tenir secrète, est de rester aux Pommets auprès de votre oncle. Je veux que vous épousiez Jennie, il le faut à présent pour nous préserver tous trois de la calomnie. Il faut aussi que vous avisiez à vous créer des ressources par le travail, et, Jennie l'a dit, il n'y en a pas dans votre village abandonné et dans notre pays désert. Vous partirez ensemble ; moi, je veux rester, parce que l'abbé Costel ne peut rester seul, et puis... parce que j'ai besoin de vivre un peu seule après une crise si rude.

Je ne sais si Frumence eût combattu mon projet ; nous fûmes interrompus par Jennie, qui, me voyant animée et résolue, crut que j'étais heureuse.

— Voyons, dit-elle, M. Mac-Allan est donc bien content? Il était gai comme un pinson en partant au galop sur votre cheval. Et vous, Lucienne, êtes-vous contente ?

— Oui, lui dis-je en la pressant dans mes bras. J'ai résolu de suivre aveuglément ses conseils, car il est mon véritable ami. Je te demande, ma Jennie, de ne pas trop m'interroger aujourd'hui, je ne saurais te répondre. J'ai besoin de rêver, puisqu'il n'y a plus lieu à réfléchir; mais tu vois que je suis gaie et que je ne me repens de rien.

La bonne Jennie fut facilement abusée. Elle souhaitait tant mon bonheur, qu'elle y crut, et, respectant ce qu'elle attribuait au pudique recueillement du premier amour, elle ne m'interrogea pas davantage.

J'accomplissais avec ardeur et avec un véritable enthousiasme le sacrifice de mon existence. Il s'y mêla pourtant je ne sais quelles sensations de colère et d'amertume quand je m'aperçus que Jennie parlait avec plus d'abandon que d'ordinaire à Frumence, comme si, en admettant l'espoir de mon prochain mariage avec Mac-Allan, elle eût accepté enfin l'idée du sien avec notre ami. Je les laissai ensemble aussitôt que j'eus fini de dîner, et je m'enfonçai dans les gorges arides qui longent le flanc de la longue montagne du Pharon.

Je ne sais quel terrible combat s'élevait en moi. Je sentais mon cœur partagé et comme en révolte contre lui-même. J'aurais voulu que Mac-Allan fût près de moi, qu'il me parlât enfin clairement de son amour, qu'il me berçât de sa douce éloquence sur ce sujet émouvant et délicat, qu'il m'enivrât de ses riantes flatteries, qu'il réussît à m'inspirer ce sentiment qui enivre, qui persuade, satisfait, et place l'âme au-dessus de tout scrupule craintif et de toute fierté vaine.

— Ce sentiment-là existe, me disais-je; je l'inspire; n'est-il pas temps que je l'éprouve? Si j'aimais Mac-Allan comme il paraît m'aimer, je ne me souviendrais probablement plus que j'ai rêvé un autre amour et que je ne l'ai pas inspiré.

Et, à ce souvenir, j'étais indignée contre moi-même. Comment un souvenir pouvait-il me préoccuper et me torturer à ce point? J'étais donc coquette, jalouse de tous les hommages, jalouse de Jennie, à qui j'immolais si facilement mon existence entière, et à qui j'enviais la seule chose qui ne m'appartînt pas, la seule chose que je ne pusse lui sacrifier, l'amour de Frumence?

Je me pris en horreur; je voulais m'arracher

les cheveux et me déchirer la figure. J'aurais voulu m'ouvrir le cœur pour en ôter violemment cet hôte inconnu, ce ver rongeur, que je ne savais comment nommer : envie, bassesse, égoïsme ou passion?

— Je suis donc une mauvaise nature, me disais-je encore, impressionnée par les doutes de Mac-Allan sur ma naissance; une nature fatalement en lutte avec des instincts de perversité, comme ce bandit ou cette bohémienne inconnue dont je suis peut-être la fille? Ou bien j'ai le cœur lâche et stupide, et, comme Galathée, je suis amoureuse de tous les hommes que je rencontre. J'ai peut-être aimé Marius comme les autres. Que sais-je de moi? Je vois bien que j'étais folle de m'estimer, et que je ne mérite que mon propre mépris. Mais qu'importe après tout, si j'ai assez d'orgueil pour me conduire comme je le dois, pour cacher ma blessure et pour travailler énergiquement à réunir Frumence et Jennie, pour faire enfin tout le contraire de ce que mes méchants instincts me suggèrent? Je les vaincrai peut-être à force de les contrarier, et Dieu m'aidera; car il voit bien que je veux résister au mal.

J'étais là depuis longtemps, et le soleil baissait vers l'horizon. La montagne plongeait dans une ombre bleue, limpide, immense, et au loin la mer était un miroir ardent.

— Quel beau pays, me disais-je, bien qu'il ne soit peut-être pas le mien! comme je l'ai aimé, comme il m'éblouit, comme je l'ai possédé, et comme je l'ai exploré avec amour en le mettant au défi de vaincre mes forces et mon ardeur! mais vais-je l'aimer encore quand j'y vivrai seule, quand je serai parvenue à éloigner de moi ceux que j'aime, et quand je me sentirai le cœur vide, sans espoir, sans désirs, en face du devoir aride et de l'inexorable abandon?

Je m'exaltais de plus en plus, j'étais aux prises avec ce je ne sais quoi de farouche, d'illogique et d'impérieux qui caractérise le sang méridional, et dont pour la première fois je subissais clairement la fatalité.

— Si Mac-Allan était là, pensais-je, et que je pusse lui dire ce qui se passe en moi, pourrait-il le comprendre?

LXI

Au même moment, je vis Mac-Allan devant moi. Il revenait de Toulon, il avait reconduit Zani chez nous; Jennie lui avait dit de quel côté j'avais dirigé ma promenade, et il venait me rendre compte de sa course. Ce ne fut pas long. M. Barthez applaudissait à ma résignation : il ignorait, bien entendu, qu'après avoir assuré mon avenir matériel, je fusse résolu à le briser. Il m'attendait le lendemain, et tout serait réglé selon mes désirs.

— Mais qu'est-ce donc? ajouta Mac-Allan. Vous avez pleuré, Lucienne, vous pleurez encore! Regrettez-vous ce que vous avez décidé? Il est encore temps! personne n'a faibli autour de vous, et, si vous voulez la guerre, me voilà prêt à la faire avec vous. Ne savez-vous pas que je suis désormais votre homme lige, à la vie et à la mort?

— Non, je ne regrette rien et je ne faiblis pas plus que mes amis; mais je veux savoir s'il est vrai que vous m'aimiez autant que vous le dites. Est-ce que vous avez le désir de m'épouser, Mac-Allan? Parlez, il est temps que je le sache.

Mac-Allan fut tellement surpris de me voir prendre l'initiative, qu'il demeura muet. Évidemment il s'attendait de la part d'une demoiselle française à plus de détours et d'hésitation; mais tout à coup il me devina et répondit avec vivacité :

— Si vous me demandez cela, Lucienne, c'est que vous allez me refuser. Oui, je le vois, vous êtes fière et vous ne voulez pas me devoir tout. Vous craignez un coup de tête de ma part, ou bien je vous déplais... Vous ne me connaissez pas assez. Au nom du ciel, ne me dites rien. Prenez le temps de m'éprouver, de me comparer avec votre idéal : je ne le réaliserai pas, mais je vous le ferai peut-être oublier en vous en offrant un autre qui, dans une moindre région, vous paraîtra avoir quelque prix. Que sais-je? j'ai confiance en moi ; mais je ne peux pas exiger que vous ayez la foi. Je ne vous en veux pas, Lucienne, bien que vous me fassiez grand mal. Allons, je saurai souffrir encore. Taisez-vous, et laissez-moi me taire. Rentrons, je ne veux pas savoir que vous ne m'aimez pas.

Nous reprîmes en silence le chemin du manoir. J'étais abattue et sombre. Mac-Allan m'impatienta par l'espèce d'obstination qu'il mit à tenir mon bras serré contre sa poitrine, comme s'il eût pris possession de ma volonté malgré moi.

— Écoutez, lui dis-je en retirant mon bras avec force, je veux que vous sachiez la vérité. Pour que je vous épouse dans la situation où je me place, il faut que je vous aime avec passion, ou que je rougisse de moi-même.

— Je le sais, répondit-il. Il faudra donc que je vous inspire cette passion. Si j'échoue, ce sera ma faute, et je ne m'en prendrai qu'à moi. Je suis averti. J'entame une lutte bien autrement terrible que celle dont on m'avait chargé contre vous, et j'y suis pour mon compte. J'y joue mon bonheur et ma vie; oui, je sais tout cela. Il faut que je vous fasse accepter mon nom et ma fortune, à vous qui sacrifiez votre nom plutôt que d'accepter la fortune de l'ennemi. Je ne suis pas l'ennemi, moi; mais il faut que je sois l'homme aimé, et j'ai quarante ans, je suis Anglais, et je suis avocat, trois choses qui ne vous vont guère et dont il faut que je me corrige. Personne ne s'avisera de trouver que ce soit facile : vous me devez donc un peu de temps et de patience.

— Vous avez de l'esprit! lui dis-je sèchement.

— Oui, j'en ai trop, et vous détestez l'esprit. J'oubliais encore cela dans le chapitre de mes difformités. Qu'y a-t-il encore? Dites-le pendant que vous y êtes.

— Il ne peut y avoir rien de pire que de savoir plaisanter devant mes angoisses.

Mac-Allan eut, je crois, envie de me battre; j'étais d'humeur à le lui rendre : il s'en dispensa. Il me fit comprendre que lui aussi avait de l'amertume dans le cœur et que sa plaisanterie cachait une souffrance; mais il ne voulut pas renoncer à l'espoir, et je fus humiliée de le voir si sûr de me vaincre. La délicatesse de ses expressions cachait une véritable et légitime puissance, ou bien une fatuité inexpugnable. Pouvais-je savoir laquelle des deux? Mécontente de moi-même, humiliée de ma propre faiblesse, j'exigeais qu'il fût sublime d'expansion, et j'attendais ma guérison de quelque faculté miraculeuse que je lui imposais. Je ne l'aidais pas, je travaillais au contraire à le décourager, et je trouvais irritant que, devant mes rudesses, il ne fût pas assez en colère contre moi pour m'effrayer ou assez désespéré pour m'attendrir.

Si je l'eusse aimé, je n'aurais pas eu ces folles exigences. Un mot de lui m'eût mise de niveau avec le degré de son émotion. Tout de lui m'eût semblé la véritable et la seule expression de l'amour, et, comme au temps où Frumence évitait mes questions importunes, je me serais aisément persuadée qu'une prudente résistance était la marque d'une grande passion. Je n'aimais donc pas Mac-Allan !

Je lui en voulus encore de savoir jouer la comédie devant Jenny. Il fallait bien qu'elle crût à notre prochain mariage pour accepter ma défection. Mac-Allan affecta une confiance qu'il n'éprouvait pas à ce point, mais qui me parut impertinente.

Le lendemain, j'accomplis mon sacrifice. Je m'humiliai devant ceux qui, l'avant-veille, avaient applaudi à ma fermeté. Je me rétractai, je donnai ma démission de membre de la société humaine. Je signai sans hésiter l'odieux contrat en présence de mes conseils, de Jennie tremblante, de Frumence abattu, de M. Barthez mélancolique, de Malaval incertain et de Marius stupéfait. L'envoi fut mis à la poste séance tenante. J'éprouvais une joie amère.

— *Consummatum est,* dis-je en souriant. Je suis désormais mademoiselle Lucienne tout court, et, comme il est possible qu'on me conteste aussi mon nom de baptême, je vous prie, mes amis, de m'en donner un qui ne soit pas trop vulgaire.

— M. Marius de Valangis, dit Mac-Allan avec malice, n'est-il pas toujours disposé à vous en offrir un qui ne changera rien au passé?

— Après vous, peut-être? répondit sèchement Marius.

Mac-Allan avait provoqué cette impertinence pour avoir le droit de proclamer ses intentions.

— Je serais bien heureux, dit-il à haute voix et en regardant M. Barthez, que mademoiselle Lucienne l'entendît ainsi. Il ne tiendrait qu'à elle de ne pas rester longtemps sans appui et sans nom.

— Vrai? s'écria le bon M. Barthès en lui saisissant les deux mains. Ah! vous êtes un digne homme!... Eh bien, Lucienne, ma chère enfant?

— J'ai promis d'y réfléchir, répondis-je.

— Ainsi, dit Marius, pâle de colère et les dents serrées, nos fiançailles ne comptent pas?

— Marius, répondis-je, vous vous êtes fiancé à mademoiselle de Valangis; elle est morte, et vous êtes veuf.

— C'est juste, reprit Barthez avec douceur. Mon cher Marius, il eût fallu insister alors que Lucienne de Valangis existait encore.

— J'aurais eu grand tort, vous le voyez, dit Marius. Lucienne avait dès lors l'espoir d'un plus riche mariage. Elle a le rôle le plus sage; mais, tout éconduit que je suis, je préfère le mien.

— Je te le laisse de bon cœur, lui répondis-je. — Pardon! j'oublie que je ne suis plus votre cousine; mais, comme il n'y a plus entre nous de porte ouverte au retour, je dois à la vérité de déclarer que je ne connais pas encore assez M. Mac-Allan pour lui répondre autrement que par un sincère remercîment de sa courtoisie.

Je tendis la main à tout le monde, et, rappelant que j'avais huit jours pour quitter la France, je déclarai que je comptais prendre sur-le-champ mes mesures pour le départ.

J'étais rentrée avec Jennie, et nous allions monter à nos chambres, car il était déjà neuf heures du soir, quand on sonna à la grille du parterre.

Michel ne vint pas me demander si je voulais recevoir Marius. Habitué à le traiter comme l'enfant de la maison, il lui ouvrit, et Marius entra brusquement dans le salon.

LXII

Il était agité. Poussé par Malaval, il jouait son dernier enjeu.

— Lucienne, me dit-il, il y a un malentendu entre nous, et tu me places dans une situation impossible.

— Voyons, Marius... Puisque nous nous tutoyons encore aujourd'hui, explique-toi.

— Est-il vrai que tu épouses Mac-Allan ? Il faut dire oui ou non.

— Je n'en sais rien encore ; mais cela peut arriver. Que t'importe?

— Cela m'offense, c'est un outrage que tu me fais.

— Comment ?

— Tu donnes à penser à tout le monde que je t'ai abandonnée dans le malheur.

Jennie sentit que ma réponse pourrait humilier

Marius et l'humilier doublement en sa présence. Elle sortit.

— Voyons, réponds! s'écria Marius, qui dès lors ne chercha plus à se contenir.

— Eh bien, mon enfant, je ne t'en veux pas, je te le pardonne ; mais il est bien certain pour moi que tu m'as abandonnée au moment où je n'avais d'autre appui que le tien.

— Ai-je dit un mot?...

— Non, tu n'as pas dit un mot qui pût être répété et cité à ton désavantage ; mais tes yeux m'ont parlé, Marius, et j'y ai vu clairement que, si j'acceptais le dévouement que te suggérait M. Costel, le mari me ferait cruellement repentir d'avoir cru au courage du fiancé.

— Tout cela est absurde, Lucienne. Tu es susceptible, exigeante et romanesque, surtout, oui, romanesque ; c'est là ton malheur et le mien ! Tu ne vois jamais les choses comme elles sont. Ton imagination les exagère ou les interprète. Pour un regard inquiet, pour une minute de surprise que tu as cru voir en moi, tu as tout rompu. Et de quel droit?

— Oh ! oh ! tu me contestes le droit d'être susceptible et fière ?

— Je te le refuse. Je ne t'avais pas trompée. Je ne t'avais jamais promis d'être un amant passionné.

Je t'avais juré d'être un mari affectueux et convenable. Je n'ai jamais prétendu à l'héroïsme, je n'ai jamais dit, comme miss Agar : « Une chaumière et un cœur. » La vie nous apparaissait facile. Je t'ai donc promis des vertus faciles.

— Eh bien, de quoi te plains-tu, si, le jour où j'ai vu la vie difficile pour nous, je n'ai pas voulu t'imposer des vertus difficiles ?

— Je me plains d'une précipitation offensante. La vertu pouvait être une chose difficile, mais non impossible pour moi ; d'ailleurs, il y avait là une question d'honneur, et où prends-tu que je n'aurais pas su faire mon devoir ? Il fallait me le rappeler avec douceur, au lieu de m'en affranchir brusquement.

— Et toi, Marius, il ne fallait pas te délier si vite. Je ne t'ai jamais dit que je fusse très-douce, très-patiente et très-humble. Je ne t'avais jamais promis d'être une personne froide et contenue. J'ai de l'orgueil. Ne me connais-tu pas? De quoi donc t'étonnes-tu? Nous avons tous deux obéi à notre nature, preuve que nous n'étions pas faits pour nous entendre.

— Tu en prends aisément ton parti, grâce aux millions de M. Mac-Allan.

— J'ignore si M. Mac-Allan a des millions ; je ne m'en suis pas informée.

— C'est peu probable.

— Marius, je me suis trouvée vis-à-vis de toi dans une situation très-humiliante, car l'abandon est presque une honte dans certaines circonstances. J'étais calomniée, tu le sais fort bien, et, quand, devant nos amis, devant cet étranger qui était alors mon adversaire, tu as accepté presque joyeusement mon refus, tu m'as certainement livrée à des commentaires et à des soupçons dont le souvenir me fait encore rougir. Depuis, tu m'as écrit des choses fort dures et tu m'en dis maintenant, tu m'insultes presque, toi qui es doux et poli, et moi qui suis violente, je n'ai pas eu une parole amère contre toi; je n'ai permis à personne un mot de blâme sur ton compte en ma présence.

— Lucienne, tu es peut-être meilleure que moi au fond, je ne le nie pas; mais ne vois-tu pas que je souffre beaucoup?

— De quoi souffres-tu, Marius?

— De ce que tu t'en vas seule, je ne sais où et avec je ne sais qui, toi qui es certainement ma seule parente et ma plus ancienne amie. Tu as eu beau échanger ton nom contre une promesse de sécurité, tu es ma cousine, tu es mademoiselle de Valangis, tu le seras toujours, et il ne dépend pas de tes ennemis d'empêcher qu'on ne t'appelle toujours ainsi. Comment veux-tu que je te voie partir sans regret et sans inquiétude? Dis-moi que tu épouses Mac-Allan et qu'il te plaît. Sois franche : ne me traite pas comme si nous n'étions plus rien l'un pour l'autre.

— Eh bien, je te réponds franchement que M. Mac-Allan me plaît beaucoup et que je ferai mon possible pour l'aimer, ne fût-ce que par reconnaissance. Es-tu tranquille sur mon compte à présent?

Marius prit sur la cheminée la petite figurine de porcelaine qui me ressemblait et qui m'avait valu de sa part le surnom de *Pagode*. Il la regarda un instant, et, la lançant sur le carreau de toute sa force, il la brisa en mille pièces.

— Ce que tu fais là est mal, lui dis-je. Rien de ce qui est ici ne m'appartient plus. Ne brise plus rien, on me le ferait payer.

— *Tu auras le moyen!* répondit-il en prenant son chapeau. Adieu, Lucienne; tu me déshonores, et c'est ton futur mari qui doit m'en rendre raison.

Je fus effrayée, je le retins, et, comme il était hors de lui, aveuglément furieux comme les gens froids quand ils sortent de leur caractère, je crus qu'il allait provoquer Mac-Allan. Il l'eût fait peut-être, je n'en répondrais pas.

— Marius, lui dis-je, peux-tu garder un secret,

et veux-tu me jurer de garder celui que je vais te confier?

Il me le promit, et je résolus de lui apprendre la vérité sur ma situation future.

— Je m'étonne, lui dis-je, que tu m'aies crue capable de vendre mon nom, et que tu puisses m'estimer encore après le marché que j'ai signé. Sache que j'ai agi ainsi pour me soustraire à des scandales qui me répugnent et à des dangers que je ne puis te dire.

— Je les connais, ces dangers, reprit-il vivement. Tu t'es compromise avec Frumence, et tu as craint qu'on ne fît allusion à cela dans un procès!

— Non, en vérité, m'écriai-je indignée, je ne l'ai pas craint, parce que cela n'est pas; mais, si tu le crois, — et tu le crois, puisque tu le dis, — je trouve que tu es le dernier des lâches de vouloir me disputer à Mac-Allan.

— Alors, quels sont-ils, ces dangers?

— Je comptais te les dire, mais tu n'es pas digne de ma confiance. Va-t'en! Tu ne sauras rien.

Marius faiblit devant moi pour la première fois de sa vie : il me demanda pardon de la crudité de ses paroles en prétendant qu'il n'avait pas entendu malice à l'expression dont il s'était servi.

— Tu as été élevée dans une liberté dangereuse, ajouta-t-il; Frumence a été amoureux de toi, on l'a dit, et c'est possible. Tu ne t'en es pas méfiée, tu né t'en es pas aperçue ; mais, si je regrette les propos qui en sont résultés et dont je t'ai parlé quelquefois, jamais je n'ai pensé qu'il y eût de ta faute. Voyons, calme-toi, et dis-moi ton secret.

— Eh bien, mon secret, le voici : c'est que, pour une cause ou pour une autre, pour un motif dont je veux rester le seul juge, et par un moyen sur lequel je ne veux pas m'expliquer, je ne recevrai pas une obole de lady Woodcliffe. Je n'ai plus rien, Marius, absolument rien ; je me suis entièrement dépouillée, et, aujourd'hui comme hier, avec ou sans procès, je ne pourrais t'offrir que la misère.

Marius resta atterré, car, pour la troisième fois, il était appelé à faire preuve d'héroïsme, et pour la troisième fois il s'en trouva incapable. Il feignit de rêver un instant et s'en tira avec moi par une nouvelle insulte.

— Puisque tu as accepté ce dépouillement absolu de nom et de fortune, dit-il en mordant ses gants, et que tu ne peux pas m'expliquer pourquoi, du jour au lendemain, tu as pris le parti suggéré par la peur après t'être montrée si vaillante, c'est que tu as vraiment sur la conscience une faute grave ou un malheur irréparable que l'on t'a menacée de divulguer.

Je ne lui répondis pas, j'allai ouvrir la porte et je lui criai :

— Va-t'en !

Il voulut parler ; j'appelai Michel et lui ordonnai d'éclairer M. Marius, qui voulait partir. Jennie rentra, et je sortis. Marius ne voulut pas d'explication avec elle. Il s'en alla honteux et irrité, mais content au fond de ne pas s'être livré. Il ne songea plus à se battre avec Mac-Allan ; il bouda M. de Malaval, qui lui avait fait faire une école, se tint sur ses gardes avec les autres, et ne se permit jamais un mot sur mon compte. J'ai su tout cela depuis, car il ne remit plus les pieds à Bellombre, et je ne le revis pas avant mon départ.

LXIII

Jennie ne sut pas ce qui s'était passé entre nous. Il y avait dès lors un gros secret entre elle et moi ; le sacrifice que je lui faisais de ma fierté n'eût jamais été accepté, et je ne voulais pas qu'elle le sût jamais. Je me renfermai donc dans un silence qui l'étonna et l'inquiéta un peu. Je l'en consolai par mes caresses, et, feignant d'être fatiguée, je me couchai sans lui parler de Mac-Allan.

Dès le lendemain, elle se mit de bonne heure à

l'ouvrage. Elle voulait laisser Bellombre scrupuleusement propre et en bon ordre. Elle rangea la maison du haut en bas et n'y souffrit pas un grain de poussière. Elle plaça tous les objets précieux dans les armoires et réunit les clefs pour les remettre à Mac-Allan. De mon côté, je payai tous les gages des domestiques, je mis au net tous les comptes de ma gestion, je soldai tous les mémoires. Tout l'argent que j'avais à toucher des fermiers y passa. Je ne savais pas si on ne renverrait pas nos bons serviteurs; je ne voulais pas qu'ils eussent à souffrir de la plus légère contestation. Je les engageai à rester jusqu'à ce que M. Mac-Allan eût décidé de leur sort conformément aux avis qu'il recevrait de lady Woodcliffe. Ces pauvres gens, me voyant faire mes préparatifs de départ et me croyant riche, voulaient tous me suivre. J'eus bien de la peine à les empêcher de faire aussi leurs paquets. Mac-Allan vint dans l'après-midi et leur parla. Je ne sais ce qu'il leur fit espérer. Ils se montrèrent plus tranquilles.

Le jour suivant fut consacré à mes malles. Je n'emportais que ma garde-robe bien modeste, quelques livres et bijoux sans valeur que ma grand'-mère m'avait donnés en étrennes; mais je fis une belle caisse de mes herbiers et de mes cahiers avec autant de soin que si j'allais me fixer dans une paisible retraite avec des loisirs sans fin. Je faisais tout cela machinalement et pourtant sans rien oublier, plutôt pour ne laisser rien de moi à ceux qui me dépossédaient que pour m'en conserver la jouissance.

Le soir, Jennie me demanda où nous allions. Elle m'avait obéi en se hâtant de tout préparer, je lui devais bien de me préoccuper du pays et du lieu de notre future résidence.

— Avant tout, lui dis-je, je veux que tu te maries. Je ne déciderai rien auparavant.

— Vous savez bien, répondit-elle, que l'abbé Costel n'est pas guéri, qu'il a des rechutes fréquentes, et qu'il ne faut pas songer à lui emmener son enfant.

— Je n'y songe pas; mais il y aura peut-être moyen pour nous de revenir bientôt: fais à Frumence le serment de l'épouser avant un mois.

— Faites à Mac-Allan la même promesse.

Jennie me regardait si attentivement, qu'elle me fit baisser les yeux. Peut-être mon esprit actif et romanesque m'eût-il entraînée à la tromper pour son bonheur. J'en avais l'intention, j'y travaillais; mais, quand elle m'interrogeait trop directement, il y avait en elle une puissance de vérité qui m'empêchait de mentir.

— Je ne veux pas, lui dis-je, avec humeur, que

tu me condamnes à épouser tout de suite un homme que je connais depuis quelques jours. Tu connais Frumence depuis douze ans, et tes hésitations sont cruelles et ridicules. Je ne puis te dire qu'une chose; tu la sais, et je m'étonne que tu n'en sois pas émue. On m'accuse d'aimer ou d'avoir aimé Frumence. Il me semble qu'il faut en finir. Je ne puis rester davantage avec vous, si vous n'êtes mariés.

Je vis qu'elle essuyait une larme à la dérobée, et je reconnus qu'en voulant la convaincre je lui parlais durement pour la première fois de ma vie. Je faillis me jeter à ses genoux; mais tout à coup je me persuadai que je devais faire tout le contraire pour en venir à mes fins. Jennie était si forte et si impénétrable, qu'on ne pouvait entamer sa volonté sans frapper fort sur son cœur. J'insistai vivement, et, malgré moi, tout en voulant feindre l'impatience, je laissai parler la secrète amertume. J'avais besoin de mettre entre Frumence et moi un obstacle inviolable, et je m'imaginais que, le jour où il serait marié, mon cœur, devenu libre et calme, ne conserverait aucun souvenir des vaines agitations qui l'avaient rempli.

— Il est étrange, dis-je à ma pauvre Jennie stupéfaite, que, depuis mon enfance, cet homme que l'on m'accuse d'aimer, dont Marius dès lors s'est montré jaloux, comme il l'est encore, et pour qui Denise a failli me tuer ; cet homme qui est cause de tout ce qui m'arrive aujourd'hui, puisqu'il sert de prétexte aux humiliations qu'on m'inflige et aux calomnies dont je suis victime; cet homme qui n'a jamais aimé que toi et que tu aimes certainement puisque tu n'attends que mon mariage pour le dire, soit là, sans cesse à mes côtés, dirigeant mes affaires, faisant mon éducation, s'occupant de mon présent et de mon avenir, sans que tu aies voulu consentir à sanctionner une situation sainte par elle-même, mais souillée par la méchanceté de nos ennemis. Cela, vois-tu, Jennie, tient à un excès de sacrifice de toi-même, qui, de sublime, est devenu insensé. Tu as cru que j'étais jalouse de Frumence peut-être, que je t'accuserais de l'aimer plus que moi et de me négliger pour lui. C'est possible quand j'étais une enfant ; mais, au lieu de me faire entendre raison là-dessus, ce qui, de toi à moi, eût été bien facile, tu as fait en sorte de m'habituer à passer toujours avant lui dans ton cœur et dans tes résolutions. Eh bien, c'est trop longtemps me traiter en petite fille. Je ne suis plus l'enfant gâtée de Bellombre, je suis la maudite et l'exilée, et, si heureusement je n'avais pas plus de courage que tu n'as voulu m'en donner, je serais déjà morte de colère et de chagrin; mais, grâce à Dieu, si tu es forte, je le suis aussi, et à présent je ne me laisserai plus convaincre. Tu feras ton devoir, car c'est ton devoir envers tous, envers Frumence, que tu rends malheureux, envers Mac-Allan, qui est peut-être jaloux de lui, tu l'as dit toi-même, enfin et surtout envers moi, que l'excès de ton dévouement expose à des insinuations avilissantes.

— Avilissantes! dit Jennie en se levant toute droite, et les yeux fixes comme si elle allait mourir; vous seriez avilie parce que vous auriez aimé Frumence? Est-ce là votre pensée, à vous?

Je me sentis pâlir aussi. Il me sembla que depuis longtemps Jennie m'avait devinée, et qu'elle voyait, à travers toute ma violence de réaction, le fond navré de mon cœur.

— Est-ce que tu crois que je l'aime? m'écriai-je en secouant avec force ses mains froides. Est-ce que c'est à moi que tu te sacrifies? Voyons, parle, si tu veux que je te réponde!

— Je ne sais ce que vous avez dans la tête, dit-elle en reprenant sa fermeté et en se rasseyant avec tristesse; vous êtes exaltée et vous m'exaltez aussi. Nous ne savons plus ce que nous disons. Vous voulez que j'épouse Frumence, je l'épouserai, mais quand vous serez mariée avec un autre. Frumence ne l'entend pas et ne le veut pas autrement. Je me haïrais et me mépriserais moi-même, si je vous quittais avant de vous voir un appui. Pensons donc à partir ensemble; car c'est en effet trop tôt pour choisir Mac-Allan. Quand nous serons loin toutes les deux, Frumence ne pourra compromettre ni vous ni moi.

Je ne pus ébranler Jennie, et je restai inquiète de sa pénétration.

LXIV

Quand Mac-Allan revint nous voir et que je me plaignis à lui de la résistance de Jennie, bien loin de me soutenir, il me contraria vivement en me donnant tort.

— Je vous ai laissée faire des rêves d'enfant, me dit-il; mais il faut donner au traité un commencement d'exécution, sans quoi il est nul, et, en voyant que vous le considérez comme tel, on commence les poursuites, lesquelles poursuites commencées s'arrêteront quand il plaira à Dieu; donc, l'effort que vous avez fait ne sert à rien, si vous ne faites les choses qu'à demi.

— Et combien de temps me faudra-t-il rester

sous le poids d'une honte que j'espérais secouer dès le lendemain?

— Il faudra le temps nécessaire pour que lady Woodcliffe, mise en pleine possession de vos droits, n'ait plus rien à craindre de vous.

— Combien?

— Je ne sais pas, six mois tout au plus. J'agirai avec Barthez le plus vite possible.

— Et, pendant six mois, je voyagerai avec l'argent de lady Woodcliffe?

— Barthez le touchera en votre nom, et vous serez libre de ne pas vous en servir. Il vous sera bien acquis, puisque vous serez absente; mais, pour contenter votre fierté, convenons qu'aussitôt rentrée en France vous restituerez les sommes versées par votre ennemie, capital et intérêts.

— Il faut absolument que tout soit réglé ainsi, pour que Jennie ne soit jamais inquiétée?

— Il le faut absolument.

— Le sacrifice est plus grand que je ne pensais.

— Oui : c'est six mois d'humiliation au lieu de huit jours; mais Jennie a mis vingt ans de sa vie et le péril de sa vie entière à votre service. Vous êtes encore loin de compte avec elle.

— Pardonnez-moi ma lâcheté, Mac-Allan, et laissez-moi vous remercier des forces que vous me donnez; mais comment vais-je vivre à l'étranger sans toucher pour mon compte à l'odieux argent anglais de lady Woodcliffe?

— N'avez-vous rien?

— J'ai, tous comptes faits et toutes dépenses soldées pour la sépulture de ma grand'mère et ses dernières aumônes que je ne veux laisser payer à personne autre que moi, une vingtaine de francs.

— Je vous aime ainsi, Lucienne, et vous voilà telle que je vous rêvais. .

— Et telle que je ne puis vous appartenir, Mac-Allan, car je n'en suis pas venue et n'en viendrai peut-être pas à ce point où la passion fait taire l'orgueil.

— Je le sais bien, inutile de me le rappeler; mais pousserez-vous l'orgueil jusqu'à refuser les modestes avances d'un odieux ami anglais qui, par hasard, se trouve un peu plus riche que vos autres amis et ne saurait s'apercevoir d'une pareille dette?

— Cette dette serait sacrée et ne m'humilierait pas; mais il n'en faudra pas moins, pour qu'elle reste sacrée, que je me voie en mesure de l'acquitter. Avec quoi? Jennie a quelques milliers de francs qu'elle prétend me garder, et auxquels, moi, je ne veux jamais toucher; c'est tout l'avenir de Frumence et le sien. Croyez-vous que j'irai me promener en Italie ou en Suisse avec leurs économies?

— Vous ne vous promènerez ni en Italie, ni en Suisse. Vous choisirez une retraite que je puis vous offrir : une maisonnette très-humble, une sorte de chaumière propre, à Sospello, dans un lieu splendide, au flanc des Alpes, à peu de distance de Nice et presque à la frontière de France. Je me sépare de John et je lui ai donné cette maisonnette qu'il compte habiter tout en louant les meilleures chambres. Vous les lui louerez, c'est une misère. John, pour une très-modeste rétribution, vous servira de fournisseur, de cuisinier, de commissionnaire, de guide au besoin, car il connaît les Alpes comme vous connaissez les *baous* de Provence ; tout cela, dans les conditions d'un strict bien-être, vous coûtera deux cents francs par mois tout compris, et vous ne serez pas sans protecteur, car John est le plus honnête, le plus brave et le meilleur des hommes.

— Fort bien; mais c'est deux cents francs de trop, si je ne puis les rendre à Jennie ou à vous. Ne pourriez-vous me trouver quelque travail qui me mît à même de m'acquitter ?

— Certainement. Je me fais fort de vous trouver des traductions. Instruite et sachant les langues comme vous les savez, vous pouvez bien compter que je suis à même de répondre de vous à un éditeur. Partez tranquille. Je jure sur l'honneur que je vous mettrai avant peu à même de vous acquitter.

— Merci, Mac-Allan; mais tout ce que vous me dites est-il vrai? N'est-ce pas chez vous que vous m'envoyez, et la pension que je compte vous payer ne sera-t-elle pas fictive?

— Si je donne ma maisonnette à mon valet de chambre pour payer ses bons services, ce n'est à coup sûr pas avec l'intention de la lui reprendre. Donc, payant un loyer, vous serez chez vous, et, gagnant de quoi le payer, vous ne serez à la charge de personne.

— Mais s'il vous plaît de venir demeurer là?...

— S'il vous plaît à vous de ne me revoir jamais, votre volonté sera faite. Doutez-vous de ma parole?

Je n'en devais pas douter. Je rendis Jennie bien heureuse en lui faisant part de mes nouveaux projets et en n'exigeant plus qu'elle se séparât de moi pour se marier. Elle me répéta que nous nous marierions le même jour, ou qu'elle ne se marierait jamais.

J'avais promis à M. et à madame Barthez d'aller leur faire mes adieux, ainsi qu'aux autres personnes que je connaissais à Toulon et aux environs; mais, comme je devais me montrer très-affligée ou très-émue de leur faire d'éternels adieux, je craignis de mal jouer mon rôle. Il me répugnait de les tromper. Je préférai leur écrire que je ne me sentais pas le droit de les attrister de mon départ, et que, ayant une occasion pour aller par terre en Italie avec un compagnon de voyage, je devais me hâter d'en profiter. Ce compagnon fut John, qui, se conformant à mon désir d'aller à petites journées, me procura à Toulon un voiturin.

J'ignorais où il plairait à Mac-Allan de porter ses pas quand j'aurais quitté la Provence, et je n'osais guère le lui demander, craignant de paraître désirer qu'il ne s'éloignât pas encore trop de moi. Je m'étais habituée pourtant à sentir sa protection nécessaire, et je fus aise quand de lui-même il m'apprit qu'il comptait rester quelque temps en France.

— Il est possible, ajouta-t-il, que je ne quitte pas la Provence avant que vous y reveniez. Votre soumission aura, j'imagine, désarmé lady Woodcliffe, et peut-être jugera-t-elle à propos de me rendre sa confiance. Dans ce cas-là, je résisterai à l'envie que j'ai de la refuser, et je prendrai les dispositions nécessaires pour la mettre en possession de Bellombre. Dans tous les cas, soit qu'on me charge de ce soin, soit qu'on me propose un autre mandataire, je crois devoir m'y installer jusqu'à nouvel ordre ; après quoi, je voyagerai un peu, pour mon plaisir et mon instruction, dans l'intérieur du pays. On m'a parlé de choses intéressantes et belles que je veux voir, la vallée de Pierrefeu, la Chartreuse de Montrieux, la pointe de Brusc, Sixfours, je ne sais quoi encore. Vous pourrez donc, pendant quelque temps, me donner vos ordres et recevoir les communications que j'aurai à vous faire de la part des éditeurs pour vos traductions.

J'obtins de Mac-Allan qu'il viendrait habiter Bellombre dès le jour de mon départ. Il me semblait que je quitterais ma pauvre maison avec moins de déchirement, si je la laissais, ne fût-ce que pour quelques jours, sous la garde d'un ami.

Il vint avec Frumence, dès cinq heures du matin, pour recevoir mes dernières instructions et nous mettre en voiture. Il me paraissait ridicule d'emporter ma grande caisse d'herbiers et de livres, et je voulais la laisser en dépôt à Frumence. Je ne me souciais plus de rien; mais Mac-Allan assura que je m'enflammerais de nouveau pour la botanique dès que j'aurais mis le pied sur les Alpes, et, avec l'aide de John, il ficela lui-même de ses mains délicates mon bagage complet sur la voiture. Il donna des instructions détaillées à John, comme s'il eût embarqué et confié sa propre fille aux soins d'un bon pilote. Jennie, très-affairée, empaquetait nos petites provisions de bouche pour la première halte que nous voulions faire sous l'ombrage de quelque forêt. Elle cachait si bien son émotion, qu'elle paraissait tranquille. Je ne voulus pas être plus faible qu'elle. Je dis sans sourciller adieu à Frumence, à Michel, à la vieille Jacinthe et à nos bons meuniers. Je n'eus envie de pleurer qu'en serrant les mains de Mac-Allan, comme si, n'ayant pas à lui donner l'exemple du courage, je m'abandonnais à la pitié pour moi-même que sa figure sympathique et tendre m'exprimait sans réserve et sans combat.

Il ne me demanda pas quand il me reverrait, et je ne pouvais prendre sur moi de reconnaître son exquise discrétion en l'engageant à venir me voir quand il serait libre. Frumence, surpris de mon silence, me regarda avec inquiétude. J'avais tellement peur que Frumence ne fût initié aux doutes que Jennie semblait avoir conçus sur mes secrets sentiments, que je me décidai à dire à Mac-Allan :

— Écrivez-moi, je vous répondrai.

C'était bien vague ; il s'en montra reconnaissant et me demanda la permission de m'accompagner à cheval dans la traverse, jusqu'au point où le voiturin rejoindrait la grande route. Je l'y autorisai, toujours pour détromper Frumence.

Quant à lui, le pauvre Frumence, il ne demanda pas la même permission à Jennie. Ils se dirent à peine quelques mots, et l'étreinte de leurs mains fut muette et rapide. Je crus surprendre là plus de passion et de douleur, chez Frumence du moins, que dans les attentions et l'escorte officieuse de Mac-Allan. Que pouvait-on deviner ou surprendre chez Jennie? C'était le marteau de forge qui toujours travaille à battre le fer, et, vaillante machine qu'il est, le tord et le façonne sans se lasser. Ainsi passaient, sous l'effort pour ainsi dire aveugle de son incessante activité, les phases toujours rompues et toujours ressaisies de sa rude et laborieuse destinée.

Un chemin étroit et pittoresque qui se glisse et se cache au fond du ravin formé par les montagnes du Pharon et du Coudon nous conduisit à la route de Nice, un peu au-dessus du village de Lavalette. Là, Mac-Allan mit pied à terre, et, amenant la tête de Zani à la portière de la voiture :

— Voulez-vous dire adieu à votre cheval? me dit-il.

Je donnai un baiser au front de Zani.

— Pourquoi ne l'avez-vous pas emmené, puisque vous l'aimez? me dit Mac-Allan. Il est à vous. C'est un don particulier et personnel de votre grand'-mère, et nul n'aurait songé à vous le réclamer.

Il est à vous comme votre chapeau et vos souliers.

— C'est possible; mais que ferais-je à présent d'un cheval de selle?

— Voulez-vous me le vendre?

— Oui, à condition que vous en remettrez le prix à lady Woodcliffe. Je ne veux rien devoir à sa tolérance.

— Soit! Alors, mettez à son front cette branche d'olivier sauvage que vous tenez, pour montrer qu'il est vendu et qu'il m'appartient.

— Monsieur Mac-Allan, lui dis-je, venez que je vous dise adieu, à vous! Vous êtes le meilleur des hommes et le plus aimable. Gardez ma branche d'olivier et portez-la sur la tombe de ma grand'mère. Quand vous m'écrirez, envoyez-moi des feuilles de son arbre favori. Quand vous descendrez à la Salle verte, pensez à moi, et, quand vous penserez à moi, dites-vous que vous m'avez fait tout le bien qu'il vous était possible de me faire.

Je lui tendis la main, qu'il reçut dans sa main gantée et qu'il secoua, comme il eût fait de celle d'un garçon, au lieu de la baiser tendrement, comme lorsque nous étions seuls. En présence de John, il redevenait Anglais de toutes pièces.

La voiture repartit, et je me mis au fond, avec mon voile sur ma figure, pour cacher à Jennie que je pleurais amèrement.

LXV

Je n'aurais su dire ce que je regrettais en particulier. Je perdais tout, et, dans ce désastre immense, le passé m'apparaissait tellement fini, que je ne cherchais plus à m'y rattacher. Ce qui restait de moi à Bellombre et dans la vallée de Dardenne, ma maison qui n'était plus à moi, ma grand'mère qui n'était plus qu'à Dieu, Frumence qui ne m'avait jamais aimée, tout était ruine et deuil, et j'avais été pressée au dernier moment de quitter des espérances mortes à jamais, des souvenirs déjà ensevelis... Mais le passé riant et paisible, mes jours d'enfance, ma confiance sans bornes, — plus tard mes rêves sans fin, mes premières agitations, les énigmes cherchées, les solutions conquises et reperdues, le sentiment de ma force, celui de ma faiblesse, les troubles de ma volonté, tout un monde évanoui comme un songe, voilà ce qui vivait en moi d'une vie sans but, sans fruit et sans retour.

Rien de tout cela ne m'avait donc servi? J'avais travaillé quinze ou seize ans à développer mon intelligence dans un milieu où elle devait m'être utile, et rien de ce que j'avais appris à vouloir n'avait d'usage connu et défini dans la vie nouvelle qui s'ouvrait devant moi ! Je fus épouvantée de ce temps passé et de ce temps à venir, à la limite desquels je me trouvais seule et désarmée, et un moment il me sembla que j'étais morte.

Mais Jennie n'était-elle pas là, et n'était-elle pas désormais le véritable but de ma vie, puisqu'elle était la cause de mon sacrifice? En la regardant, elle qui n'en savait rien et qui croyait vivre pour moi sans me rien devoir, je fus frappée de son attitude inflexible dans l'épreuve qui me brisait. Jennie regardait toujours droit devant elle, fort peu à droite et à gauche, jamais en arrière. Elle aussi avait eu une existence scindée et dévastée avant de m'adopter ; elle l'avait renouée sans l'aide de personne, et de nouveau elle me l'avait consacrée. Et, pour la troisième fois, elle changeait de pays, de labeur et de milieu pour me suivre, me servir et me protéger, tout cela, comme s'il n'y eût jamais eu que moi au monde et que tout le reste ne valut pas l'ombre d'un regret : admirable amitié que toute la mienne ne suffisait pas à payer !

Le voyage n'étonna que moi. Jennie reprenait ses anciennes habitudes de locomotion, comme si elle ne les eût jamais quittées. John était dans son élément, et il parcourait d'ailleurs un pays souvent exploré. Pour moi, qui n'étais jamais sortie de ma montagne, les autres montagnes, la chaîne de l'Estrelle et la forêt des Mores furent un grand sujet d'intérêt et d'attention. Nice ne me plut pas, j'y trouvai trop de bruit, trop de luxe, trop de civilisation, et surtout trop d'Anglais. Je ne demandai pas à y rester plus d'un jour, j'étais pressée de voir la retraite que Mac-Allan m'avait promise à Sospello. Elle était charmante, petite, propre, simplement meublée, isolée, commode, fraîche et silencieuse, le pays admirable, en pleine montagne, avec des rochers, des cascades et une végétation auprès desquels notre pauvre Provence m'apparut si sèche et si petite, que j'étais un peu honteuse de l'avoir tant admirée.

Les premiers jours furent une ivresse. Je n'étais pas seulement naturaliste par éducation et par goût, j'étais artiste aussi sans le savoir, et les grands paysages m'impressionnaient autant que les charmants détails des localités. Ce plaisir immense qui s'empara de moi à la vue des Alpes fut une surprise très-douce, et je me demandai si, avec une faculté si vive et une jouissance si personnelle, je pourrais jamais être malheureuse, quelle que fût ma condition. Comme tous les jeunes cerveaux romanesques, je m'enivrai de l'idée d'habiter un chalet sur les hauteurs inexplorées, et d'y vivre seule avec un livre et un troupeau.

Je tâchais de communiquer mon enthousiasme à Jennie.

— Toi qui sais tout, lui disais-je, parce que tu sais tout voir, comment ne m'as-tu pas encore dit qu'il y avait sous le ciel des pays si beaux, qu'il suffisait d'y être pour s'y trouver bien, même avec l'isolement et la misère?

— Si c'est là ce que vous pensez, me répondait-elle, tout est bien, car c'est ce que je pense aussi. Je ne vois rien de plus beau que ma Bretagne; mais j'aime tout ce qui est beau, même autrement, et, d'ailleurs, quand vous admirez quelque chose, cela me le montre tout de suite comme il faut le voir. Mon père n'était pas un marin comme un autre; tout pauvre homme sans grand savoir qu'il était, il aimait tant la mer qu'il en parlait avec des mots qui me faisaient ouvrir les yeux et les oreilles quand j'étais petite. C'est peut-être comme cela que j'ai appris à regarder et à écouter... Ne regardez pourtant pas trop ces belles montagnes-ci, me dit-elle, un jour que nous étions arrivées en marchant à un endroit si délicieux que je ne voulais plus rentrer dîner; que savez-vous s'il ne vous faudra pas demeurer en plaine, ou dans une ville, ou dans quelque autre pays de montagnes aussi différent de celui-ci que celui-ci diffère de votre Provence?

— Pourquoi ne demeurerais-je pas où il me plaira de demeurer?

— Vous aurez un mari, Lucienne, il ne faut pas oublier cela, et vous avez beau être riche, il vous faudra bien faire la part de ses goûts, de ses occupations et de ses devoirs.

— Tu me ramènes toujours à l'idée du mariage, que j'ai tant de plaisir à oublier! Pourquoi faut-il absolument que j'enchaîne ma liberté? Voyons, dis-le une bonne fois, toi qui as l'humeur si peu matrimoniale pour ton compte!

— Pour vivre seule, Lucienne, il faut trop de courage. J'en avais beaucoup, et pourtant vous voyez... Quand du mariage il ne m'est resté qu'un enfant qui n'était pas à moi, cela a compté plus encore dans ma vie que le plaisir d'être libre et de faire ma volonté. Croyez-moi, on est femme, c'est pour aimer quelqu'un plus que soi-même, un mari s'il le mérite, et des enfants dans tous les cas.

— Ah! tu sens cela, toi, ma Jennie; mais, moi, je ne le sais pas. Je suis encore un enfant moi-même, et je ne connais que le besoin d'être aimée et gâtée comme tu me gâtes.

— C'est votre droit; mais cela ne peut pas durer

toujours. Vous sentirez bientôt le besoin d'un devoir, et soyez sûre que le plus doux chemin de la vie, c'est encore ce devoir-là.

— Pourquoi vouloir me donner cette idée, Jennie? Tu es imprudente, contre ta coutume! Il ne faut parler des joies de la maternité à une fille que quand elle a rencontré le mari qu'elle peut aimer.

— Je vous parle comme je fais, répondit Jennie, parce que, depuis quelque temps, vous avez l'air de jouer avec l'avenir et de ne pas vouloir y songer. Cela m'inquiète, moi, il est temps que je vous le dise. Vous ne me parlez pas assez de M. Mac-Allan, et pourtant vous lui avez sacrifié bien des choses, puisque c'est pour lui devoir tout devant Dieu que vous ne voulez lui rien devoir selon le monde. Pourquoi ne lui écrivez-vous pas?

— Peut-être parce que je ne trouve rien à lui écrire.

— C'est peut-être mal. Cet homme-là vous aime.

— Mon Dieu! répondis-je avec un peu d'humeur, je l'aimerai peut-être aussi. Donne-moi donc le temps. Sais-je ce que c'est que d'aimer? Tu n'as jamais voulu me l'apprendre. Voyons, pourquoi ne m'as-tu jamais dit ce que c'était que l'amour?

— Parce que vous n'étiez pas bien facile à marier. On doutait de vos droits à la succession; cela date de loin. Vous étiez difficile aussi, vous, et les partis qui se présentaient ne vous convenaient pas. Ne vous voyant pas entraînée vers quelqu'un, j'aurais craint de vous pousser à l'impatience du mariage.

— Et maintenant, tu m'y pousses, je le vois bien! Avoue donc que, pour ton compte aussi...

— Ah! si vous croyez que je pense à moi, dit Jennie fâchée, ne parlons plus jamais de rien.

Je l'apaisai en l'embrassant, et je ne demandais qu'à parler d'autre chose. Je ne pouvais pas lui dire que j'étais sans ressources, et que, pour me décider à accepter les millions de Mac-Allan, il me fallait encore plus de temps que je n'en réclamais.

LXVI

Mac-Allan et Frumence nous écrivirent, l'un dans un style net et laconique pour nous donner des nouvelles de ceux qui nous intéressaient, l'autre avec esprit et grâce pour entrer dans mille détails sur ce que j'avais laissé derrière moi, et dont il m'avait promis de prendre soin *en mon absence*. En mon absence! Il était bien convenu entre lui et moi que je reverrais mon pays et mes amis le plus tôt possible; mais, comme tout ce qui m'avait constitué un milieu et une patrie devait passer entre les mains de l'ennemi, je ne tenais déjà plus tant à me rapprocher de Bellombre. Je souhaitais oublier Frumence, et déjà je souhaitais oublier tout ce qui eût pu me le rappeler. Puisque décidément l'image de Mac-Allan n'avait encore pu effacer la sienne, j'avais soif de m'éloigner, et, pour cela, je ne songeais qu'à me procurer des moyens d'existence. Je répondis à Mac-Allan pour lui rappeler sa promesse. S'il me trouvait de l'ouvrage, j'attendrais avec patience le moment de me débarrasser de mon traité et de reparaître en Provence; mais je n'avais pas l'intention d'y rester, et je souhaitais me fixer partout ailleurs, à Paris peut-être pour un temps. Quelle personne jeune et un peu artiste n'a souhaité de voir Paris, ne fût-ce qu'une fois en sa vie?

Ce commencement d'incertitude et de curiosité, que je ne dissimulai point à Mac-Allan, lui parut de bon augure. Il m'approuva et me promit de nouveau ce travail quelconque auquel j'aspirais comme à la sauvegarde de mon indépendance et de ma dignité; mais il fallait s'entendre avec des libraires étrangers, et il n'avait pas encore eu le temps de recevoir les réponses qu'il attendait.

Dans une autre lettre, il m'apprit sur un ton assez léger que lady Woodcliffe s'était apaisée à son égard et qu'elle l'avait chargé de trouver un régisseur qui prît soin du manoir et de la terre de Bellombre. Pensant m'être agréable, il avait confié cette gestion à Michel, qui était fort capable de s'en bien acquitter. Jacinthe resterait avec lui dans la maison.

Je remerciai Mac-Allan des soins qu'il prenait de mes vieux amis et lui demandai s'il ne comptait pas retourner bientôt en Angleterre. J'ajoutai, pour faire plaisir à Jennie et pour ne pas me montrer ingrate, que j'espérais le voir avant son départ.

« Non, me répondit-il, je ne vous verrai pas avant mon départ pour Londres; je pars demain. Il m'est venu une idée assez saine pour une idée anglaise. Voyant lady Woodcliffe très-radoucie et portée à oublier ses préventions contre vous, je me suis demandé pourquoi je n'essayerais pas de remettre un peu de sagesse dans ses conseils. Qu'elle tienne au futur et peut-être fantastique marquisat de Bellombre pour relever le nom français de son fils aîné, soit; mais à quoi bon nier vos droits, maintenant qu'elle vous les a rachetés et que vous ne lui contestez pas ceux qu'elle réclame?

Pourquoi vous exiler de France et vous empêcher de porter ce nom de Valangis auquel vous faites honneur? Il faut avoir raison de ces volontés, et je vais le tenter. Si j'obtiens qu'une des interdictions soit levée, ce sera déjà quelque chose, et je pourrai espérer une seconde victoire un peu plus tard. Laissez-moi faire, je ne prendrai aucune conclusion sans vous la soumettre. »

Une nouvelle lettre de Mac-Allan, datée de Paris, m'arriva bientôt.

« Je n'irai pas à Londres, me disait-il; lady Woodcliffe est ici : c'est donc ici que je vais travailler pour vous. »

Il avait déjà commencé ses premières démarches. Il n'avait pas cru devoir cacher à sa cliente que je comptais me soustraire aux conditions humiliantes du traité, et, lui remontrant que mon désintéressement et ma fierté seraient un reproche, presque une honte pour elle, il l'avait vivement engagée à ne pas donner suite au jugement qu'elle voulait obtenir contre moi, et qui n'était pas encore rendu. Ma renonciation aux bénéfices du testament de ma grand'mère serait une transaction d'autant plus valable et définitive que mon état civil ne me serait pas contesté.

« Si je croyais, ajoutait Mac-Allan, que des raisons d'intérêt matériel pussent peser sur les décisions de ma cliente, je lui ferais de votre part l'offre de réduire de moitié la pension qu'elle vous a allouée ; car je sais que vous ne tenez pas au chiffre et que vous céderiez tout pour recouvrer votre nom. Ayez confiance en moi et laissez vous conduire. On n'a rejeté aucune de mes insinuations, et on m'a remis à la semaine prochaine pour en conférer de nouveau avec moi. Qui sait si on ne désirera pas vous connaître, et si, en vous voyant, on n'abjurera pas toute prévention fâcheuse? Soyez prête à partir pour Paris avec Jennie au premier signal que vous pourrez recevoir de moi. »

J'écrivis à Mac-Allan que je remettais mon sort entre ses mains et que je suivrais aveuglément ses conseils. Je ne montrai pas sa lettre à Jennie. J'espérais que tout serait arrangé lorsqu'elle apprendrait la vérité. Je lui appris seulement que Mac-Allan travaillait avec ardeur à ma réconciliation avec lady Woodcliffe.

— Si on vous rend votre nom, dit Jennie, je me consolerai pour vous de tout le reste.

— Tu crois donc que je tiens tant que cela à mon nom? lui dis-je. Détrompe-toi, c'est une question de sentiment, un respect religieux pour les intentions de ma grand'mère, qui m'ont rendu le coup si sensible ; mais, si je n'avais ni aimé ni connu cette digne et chère femme, je t'assure qu'il me serait indifférent de m'appeler Yvonne de rien, ou Lucienne de Valangis.

— Dites-vous bien ce que vous pensez? reprit Jennie. Je croyais que la noblesse était quelque chose qu'on avait dans le sang et à quoi l'on tenait comme à sa vie.

— Tu es Bretonne, Jennie, tu as les préjugés de ton pays.

— C'est possible. Chez nous, la noblesse est beaucoup; mon père était un peu chouan. Moi, je n'ai pas d'idées là-dessus; mais je n'oserais pas prendre sur moi de contrarier les vôtres, si vous aviez celles de votre grand'mère.

— Ma grand'mère m'a bien peu chapitrée là-dessus, je t'assure, et je ne m'en serais jamais occupée, si Marius n'en eût fait une si grosse affaire; mais justement Marius, en voulant me donner ce genre d'orgueil, m'en a dégoûtée, et, depuis que j'ai consenti à me dépouiller du nom que je portais, je m'aperçois d'un fait : c'est que cela n'a rien changé en moi et que cette prétendue honte ne m'atteint pas du tout. Je ne me sens pas diminuée d'une ligne, je ne crois pas avoir perdu une parcelle de ma valeur morale, et même, si tu veux que je te le dise, le jour où je pourrai travailler à quelque chose d'utile et de sérieux, car c'est là mon ambition, je crois que j'aurai un peu d'orgueil, et que, pour la première fois de ma vie, je me compterai comme quelqu'un en ce monde.

— Est-ce bien la vérité que vous dites, Lucienne? Vous ne vous faites pas d'illusion pour vous consoler ?

Je disais la vérité. Depuis que j'avais perdu de vue les murailles de mon manoir, j'avais senti ma force et ma droiture réagir naturellement et facilement contre l'injustice et le préjugé. Ma confiance passa vite dans l'âme de Jennie.

— Si cela est ainsi, dit-elle, restez libre jusqu'au jour où vous aimerez pour tout de bon.

— Tu comprends donc maintenant que je ne peux pas encore aimer Mac-Allan à ce point?

— Je croyais que le nom de Mac-Allan, qui est noble, serait une séduction pour vous. Si cela n'est pas, qu'importe son argent ?

— Sa seule séduction, c'est le dévouement qu'il me prouve, et ma reconnaissance n'est que de l'amitié. Or, si tu veux que je connaisse l'amour...

— Il faut le connaître, Lucienne, il faut écouter votre cœur. Voyons, n'a-t-il jamais parlé tout bas, en secret, et comme malgré vous, pour quelque autre?

Jennie avait une manière si franche d'aller droit au but, qu'elle en était brutale. Je me troublai tellement, qu'il me fut bien impossible de le lui cacher.

— Qu'avez-vous donc? reprit-elle. Vous voilà en colère? ou c'est du chagrin? ou bien de la crainte? Je ne vous comprends pas! Si vous avez un secret, à qui le direz-vous? un chagrin, qui est-ce qui le partagera? un désir, une volonté, qui est-ce qui s'y attellera tout de suite? Jennie n'est donc rien pour vous, qui êtes tout pour elle? Voyons, Lucienne, qui aimez-vous donc? Il faut le dire!

Elle me prit dans ses bras avec énergie. Je m'en arrachai avec effort, et j'allai me cacher dans ma chambre.

Jennie me tuait à force de vouloir me faire vivre. Elle me devinait, elle lisait en moi, elle me pénétrait comme le soleil traverse le cristal, il n'y avait plus à en douter. Il ne manquait à son interrogatoire que le nom de Frumence, et, si je ne me fusse enfuie, elle l'eût sans doute prononcé.

Son idolâtrie pour moi me révolta. Non-seulement elle se sacrifiait à moi depuis longtemps, mais encore elle prétendait sacrifier Frumence qui l'aimait, Frumence qui ne m'aimait pas! Elle était indélicate à force de vertu, tyrannique à force d'abnégation. Elle ne voyait pas l'humiliation qu'elle m'imposait, elle ne doutait pas qu'en se sachant aimé de moi Frumence ne se détachât d'elle pour tomber à mes pieds. Il n'entrait pas dans ses prévisions qu'il pût la préférer à moi. Elle se croyait laide et vieille, comme si jamais elle ne se fût regardée dans un miroir. J'étais à ses yeux un de ces êtres surnaturels qui n'ont qu'à vouloir pour effacer tous les astres autour d'eux, pour changer les lois de l'univers et subjuguer tous les cœurs. Elle voulait me rendre vaine, égoïste, sotte et ingrate. Je me sentis véritablement en colère contre elle, car elle était capable de dire un beau matin à Frumence : « Venez ! Lucienne ne tient pas à la noblesse. Elle n'a plus de nom, vous n'en avez jamais eu ; c'est vous qu'elle aimait ! Moi, je devinais, j'examinais, j'attendais, et, comme je ne compte pas, épousez-la et remerciez le ciel ! »

LXVII

Une nouvelle lettre de Galathée, qui me fut apportée dans ce moment-là, vint ajouter à ma mauvaise humeur. Sans se décourager de mon silence, cette pauvre créature, à bonne intention sans doute, croyait devoir m'assister de ses avis et renseignements.

« Tout le monde est bien étonné, disait-elle, d'apprendre que tu as consenti à te faire enlever ton nom. Je sais bien que l'argent est quelque chose; mais ce n'est pas tout, et j'aurais cru que tu tenais à garder ton rang. Ça fait un mauvais effet dans le pays. On dit qu'on t'a fait des menaces à cause de ton amitié avec M. Frumence, et que tu as eu peur d'une correspondance que M. Mac-Allan avait saisie aux Pommets et envoyée à ta belle-mère. Ce qui fait croire ça, c'est qu'il ne t'a pas suivie à Nice, et on pense que vous êtes fâchés. D'un autre côté, on dit qu'il devait épouser ta belle-mère et qu'il s'est fâché avec elle à cause de toi. Enfin tout ça est bien chagrinant de t'entendre toujours *abîmer* par les uns ou par les autres, et tu as tort de ne pas me répondre ce que je pourrais dire pour ta défense. »

Rien ne manquait à mon dépit, pas même le coup de pied de l'âne, et je me sentis un instant irritée contre Frumence, comme s'il y avait eu de sa faute dans tout ce qui m'arrivait de ridicule et de douloureux à propos de lui. Je fus peu frappée de ce que l'on me disait des projets de mariage entre Mac-Allan et lady Woodcliffe. Je n'en parlai à Jennie que pour lui faire admirer les ingénieuses imaginations des dames du moulin; mais, sans attacher d'importance à cette suggestion étrange, je ne crus pas devoir écrire de nouveau à Mac-Allan avant de recevoir de lui une lettre concluante sur les intentions de ma belle-mère. Il m'écrivit une fois par semaine environ pendant deux mois sans que son entreprise parût aboutir, et sans pouvoir m'envoyer le moindre traité avec un éditeur pour un travail quelconque. Il me conseillait de traduire un roman français à mon choix, disant que, quand ce serait fait, il en trouverait bien le placement; mais quel roman? Il ne m'en indiquait aucun dont il pût me garantir la traduction inédite ou désirable en Angleterre.

« Ne vous impatientez pas, ajoutait-il. Grâce à mes soins et à ma persévérance, j'espère toujours vous mettre vis-à-vis de lady Woodcliffe dans une telle situation, que votre pension vous soit bien acquise comme un échange de biens et non comme une condition offensante. »

Sans l'impatience qui résulte toujours d'une situation toute provisoire, j'aurais pourtant été heureuse à Sospello. La vie extérieure était charmante; le temps se maintint magnifique, et je pus faire beaucoup de courses dans ce pays, dont la beauté m'enivrait. Un matin, j'avais vu arriver Zani conduit par un paysan de chez nous. En quittant Bellombre, Mac-Allan l'avait envoyé à John en lui recommandant de le lui garder, et en me faisant prier de le monter quelquefois pour l'entretenir en bonne santé. C'était une attention délicate dont j'avais dû savoir gré à cet aimable homme. John avait un cheval à lui, et il en procura un aussi à Jennie, qui montait très-bien, sachant tout faire avec adresse et résolution. John était l'obligeance même, et il connaissait tous les beaux sites pour y avoir été avec son maître. Discret, respectueux, attentif, sobre, distingué de figure et de manières, c'était plutôt une sorte de *gentleman* à mon service qu'un valet de chambre ou un maître d'hôtel. Je crus remarquer qu'il n'était pas indifférent au mérite de Jennie; mais Jennie ne s'en apercevait seulement pas.

Nous ne manquions de rien. Notre nourriture était frugale; nous n'aimions la viande ni l'une ni l'autre, et, en vraies Provençales, nous eussions vécu au besoin d'olives, d'oranges, de grenades et d'amandes; mais John trouvait moyen de nous servir mille friandises appétissantes pour un prix si modique, que nous en étions surprises. Il me faisait venir de Nice tous les livres que je désirais, et, pour la moindre de mes fantaisies, il eût mis tout le pays en réquisition. Tout lui semblait facile, et je ne crois pas qu'il ait jamais fait une seule objection en sa vie aux personnes dont il avait entrepris le bien-être et la sécurité.

Il était pour nous un excellent porte-respect. Toujours habillé à la dernière mode, aussi frais, aussi bien rasé et aussi bien ganté que son maître, il nous avait demandé, une fois pour toutes, la permission de chevaucher à côté de nous pour n'avoir pas l'air d'un domestique, mais d'un compagnon autorisé à nous défendre de toute insulte. Il nous faisait éviter les routes fréquentées par les oisifs, et je ne sais ce qu'il disait aux curieux tentés parfois d'approcher de notre maisonnette ou de regarder à travers la haie de notre jardin; mais nous n'eûmes à souffrir d'aucune importunité et d'aucune indiscrétion.

Je n'avais donc pas eu la peine de songer à changer mon nom. Personne au monde ne le demandait, ou, si on le demandait, c'était en pure perte. John répondait en parlant de Jennie et de moi : *Ce sont des dames,* et, si on en voulait savoir davantage, il ne répondait pas du tout. Sa figure froide, polie, impassible, imposait extraordinairement. Je ne sais s'il m'eût répondu à moi-même sur le compte de Mac-Allan dans le cas où j'eusse été tentée de l'interroger. Il avait une manière de prononcer son nom qui était tout un poëme mystérieux et sacré, et il ne l'accompagnait jamais d'aucune épithète élogieuse, comme si aucune parole humaine n'eût été digne d'exprimer le mérite et les perfections de son maître.

Ce John nous faisait une vie si sûre et si douce,

que je me remis à travailler avec plaisir. Il m'était agréable de me savoir, sinon oubliée déjà du monde entier, du moins à l'abri de tout contrôle et de toute atteinte. Si mon histoire avait fait quelque bruit par son étrangeté, je n'en savais rien, et je pouvais supposer qu'en dehors de l'officine Capeforte personne ne s'occupait de moi. Comme John recevait toutes mes lettres sous son couvert, je lui montrai l'écriture de Galathée et le priai de jeter au feu, sans les ouvrir, les missives du moulin. Il ne m'objecta rien, selon sa coutume ; mais il les mit de côté pour me les rendre cachetées, s'il me prenait fantaisie de les lire. Sans doute la police sarde sut qui nous étions ; mais John la satisfit sur notre compte sans que les investigations arrivassent jusqu'à nous.

Cette vie cachée, studieuse, pleine de loisirs bien employés et entremêlée d'excursions attrayantes, me fit du bien. J'oubliai Frumenee en ce sens qu'il cessa d'être une sorte de rêve maladif et de remords imaginaire. Toutes mes pensées se reportèrent doucement vers Mac-Allan, quand Jennie eut pris le sage parti de ne me jamais parler de lui, et quand rien autour de moi ne m'apparut comme une obligation de me prononcer pour ou contre lui. Ce qui m'aidait à songer à lui avec calme, c'est qu'il était d'une réserve exquise dans ses lettres. Je l'avais cru parfois présomptueux lorsqu'il me faisait la cour en paroles. Quand il écrivait, il était maître de ses entraînements, et il eût été impossible de trouver dans ses épîtres courtoises et affectueuses autre chose qu'une délicate et respectueuse amitié.

Jennie, depuis le jour où je l'avais boudée, était restée un peu triste, et je m'efforçais en vain de la distraire absolument. Je me repentais de l'avoir affligée; mais pour rien au monde je ne fusse revenue sur le sujet de notre désaccord.

Un jour, elle m'étonna profondément.

— Il faut, me dit-elle, que je vous confie un secret. John m'a fait une déclaration. Ne vous récriez pas; il n'y a pas d'offense. Ce garçon est mon égal, il est né comme moi dans le peuple, et dans le même peuple que moi. Son père était pêcheur à l'île de Man. Comme moi, il s'est mis au service par affection et non par intérêt. M. Mac-Allan l'a pris tout jeune dans son pays, et il n'a jamais eu d'autre maître. Ils s'aiment tous les deux comme nous nous aimons, vous et moi. Et, d'ailleurs, le voilà indépendant et propriétaire, toujours prêt à courir pour son cher monsieur d'un bout du monde à l'autre, mais toujours sûr d'être rendu à sa liberté et à son chez lui : c'est une existence honorable et douce.

— Eh bien, où veux-tu en venir?

— A vous dire que, si vous épousiez Mac-Allan...

— Est-ce une question adroite, ma Jennie? Je n'y répondrai pas encore.

— Vous n'avez plus de confiance en moi?

— Depuis que je ne t'en inspire plus. Voyons, vas-tu me dire que tu songes à épouser M. John?

— Eh bien, pourquoi n'y songerais-je pas?

— Tu te moques de moi! Est-ce que Frumence est mort?

— Frumence a renoncé à moi.

— Tu mens, Jennie!

— En voulez-vous la preuve? Lisez.

— Je lus :

« Oui, Jennie, je le comprends, je ne puis être votre appui d'ici à bien longtemps peut-être, et peut-être jamais! Une destinée que je dois bénir ranime les forces de l'abbé, et le voilà qui fait avec la vie un nouveau bail. Vous avez raison de me dire que, pour vous et pour Lucienne, mon triste village serait une tombe, et que persister à placer en vous mon avenir en de telles circonstances serait presque un crime. Il me faut donc ou désirer la mort de mon bienfaiteur, ce qui est inadmissible, ou renoncer à un rêve qui n'était pas fait pour moi. Vous le dites, et je le crois, habitué que je suis à vous regarder comme la personne la plus sage et la plus morale qui existe. Je ne regrette pas l'illusion dont je me suis si longtemps nourri. Je lui dois une jeunesse pure, l'emploi de ma force intellectuelle et le pli des hautes pensées. Ce qui me reste de mon songe évanoui est donc un trésor sans prix, et, loin de l'appeler déception, je l'appelle bienfait. Je vous suis à jamais reconnaissant de ne me l'avoir pas retiré trop vite et trop brusquement. Me voilà homme et même homme mûr par l'esprit, habitué à me trouver plus heureux du devoir accompli qu'éprouvé par l'isolement, complétement insensible aux privations, et calme comme les immobiles rochers qui nous séparent.

« Merci, Jennie, c'est à vous que je dois cela, noble femme. Laissez-moi vous dire que, quelque parti que vous preniez par la suite, soit avec Lucienne, soit à part d'elle, vous me trouverez toujours votre serviteur actif et dévoué si je suis libre, votre ami fidèle et inébranlable si je suis enchaîné. »

— Jennie, m'écriai-je, tu es dupe de la force morale de Frumence! Il souffre beaucoup, tu veux le tuer. Quel est ce caprice? Lui as-tu fait pressentir que tu avais un autre mariage en vue? Cela est-il vrai? cela est-il possible? Tu pourrais préférer un homme que tu connais depuis quelques mois à celui qui t'aime depuis tant d'années?

— Il ne s'agit ni de préférence ni de mariage, répondit Jennie; j'ai la ferme intention à présent de rester libre, j'en ai le goût et le droit. Je n'ai rien fait pressentir à Frumence, rien fait espérer à John; seulement, je suis bien maîtresse de penser que, si j'avais quinze ans de moins, je ferais plus sagement de choisir John que Frumence. Frumence est trop au-dessus de moi par son éducation.

— Ce n'est pas vrai : tu comprends tout, toi!

— Je comprends, ce n'est pas assez. Nous ne gagnerions pas notre vie ensemble. Et puis il est trop jeune; il voudrait peut-être de l'amour, je n'en pourrais plus avoir, je me trouverais ridicule; ou, si j'en avais, j'arriverais peut-être à la jalousie, et mieux vaut la mort! Non, non, Frumence me convient si peu, que vous me verriez au désespoir s'il me fallait l'épouser; mais vous voyez bien que cela n'est pas nécessaire à son bonheur. C'est mal de dire que je suis sa dupe. Si la raison de Frumence était une grimace et sa vertu un semblant, il serait méprisable, et Marius aurait eu raison de l'appeler cuistre.

LXVIII

Je ne savais que répondre aux arguments serrés de Jennie, et, comme elle me fit un grand éloge de John, j'arrivai à croire que ma sage et tranquille amie avait subi une sorte de fascination plus impérieuse que la longue affection de Frumence. John n'était plus jeune, et il n'avait jamais été joli garçon, je présume; mais il avait de la physionomie, des recherches, de la distinction et un certain esprit. Il avait beaucoup vu, et Mac-Allan s'était donné la peine de lui beaucoup expliquer. On peut dire qu'à beaucoup d'égards, il était une sorte de reflet de son maître, et, puisque le maître me paraissait charmant, pourquoi Jennie ne trouverait-elle pas charmant l'honorable serviteur?

Quand je fus seule un instant et livrée à mes réflexions sur cette étrange aventure, je vis clair dans l'ingénieux sacrifice de Jennie. Persuadée que j'aimais Frumence, elle avait travaillé depuis trois mois dans ses lettres à le détacher d'elle entièrement. C'était le premier acte de son œuvre. Le second, elle venait de le jouer avec moi. Il s'agissait de me faire croire qu'elle eût pu, qu'elle pouvait peut-être en aimer un autre. Le troisième acte serait, à coup sûr, de chercher à rendre Frumence amoureux de moi.

Sublime femme! sa tendresse pour moi la rendait folle; car, pour devenir diplomate, il fallait bien qu'elle fût hors d'elle-même et comme enivrée de la joie de son sacrifice. Cette fois, je ne me fâchai point contre elle. Je fus attendrie, et je pleurai, la tête dans mes mains. Il faisait, je m'en souviens, une nuit sombre et douce. Il avait plu, le ciel était bas et couvert d'un voile gris sur lequel couraient des nuées plus sombres, indécises, sans forme appréciable. Tout était muet et comme perdu dans le vague mystère de cette soirée sans crépuscule. On était pourtant au 24 juin, et, s'il n'eût fait chaud, on se serait cru à la fin d'octobre. Les torrents gonflés parlaient seuls au loin. Le village était déjà profondément endormi, et les fraîches senteurs des plantes, les parfums de la mousse et des feuilles mouillées s'exhalaient par ondes, portées par des brises insensibles. Mes nerfs, longtemps irrités, étaient complétement détendus. Je me sentais vivre sous l'influence d'un climat nouveau. Ce n'était plus la Provence âpre ou énervante, c'était un pays de végétation propre au recueillement de l'âme et à l'assouplissement des organes. Je me trouvais bien, sage, reposée, lucide.

Calmée et vaincue par la générosité de Jennie, je reconnus tout à coup que je n'avais aucun désir vrai d'en profiter. Je n'étais plus une petite fille complétement ignorante des conséquences de l'amour et des fins de l'hyménée. J'avais trop lu l'histoire et trop étudié la nature pour ne pas me rendre compte des mystères que l'imagination couvre souvent de voiles si trompeurs. En songeant à ce que pourrait être mon union avec un homme aussi raisonneur et aussi réfléchi que moi-même, — et Frumence était cet homme-là, — je me pris à sourire. Je reconnus que le trouble divin ne pourrait jamais s'emparer de deux êtres qui avaient tant analysé la vie, le cœur humain, la philosophie et la morale ensemble. En supposant que Frumence pût oublier Jennie, ou qu'il ne l'eût jamais aimée, il était encore impossible qu'il eût pour moi le sentiment spontané que j'éprouvais le besoin de connaître et d'inspirer. Il me connaissait trop, lui, il m'avait trop enseignée, raillée, redressée, critiquée et reprise comme son écolière, pour faire de moi une idole à un moment donné. Et moi, je me l'avouais désormais bien franchement à moi-même, je voulais être l'idole de quelqu'un, ne fût-ce qu'un jour en ma vie. J'en avais le droit, puisque je me sentais capable d'éprouver l'adoration dont je serais l'objet. L'amour m'apparut enfin, splendide et riant, et l'austérité sublime de Frumence, qui se résignait à perdre Jennie en disant que le devoir accompli était la plus douce des joies, me fit si grand'peur, que je courus retrouver Jennie pour la supplier à genoux et à mains jointes de m'en préserver.

— Abandonne ton projet, lui dis-je, il est insensé, déplaisant, antihumain. Je n'aime pas Frumence. Il a été pour moi une espèce de maladie de l'imagination. Oui, tu avais deviné, mais mal compris et mal interprété. J'avais besoin d'aimer, et il était le seul homme de mérite que j'eusse jamais connu : nécessairement c'est lui dont l'image m'obsédait; mais crois bien qu'elle me causait plus de peur que d'ivresse, et, à présent que je me connais mieux, je frémis à l'idée d'un pareil amour comme à celle d'un inceste. J'aime Frumence comme mon père, mais pour lui mes sens seraient de glace. Oui, laisse-moi tout dire! Nous voici dans la crise de mon entier développement, et il ne faut plus t'effrayer si je te parle comme une femme à une femme. Ton enfant est devenue ta fille, elle ne veut plus avoir de secrets pour toi, du moment qu'elle n'en a plus pour elle-même. Je comprends à présent tout ce que tu craignais de m'expliquer. Je me connais et je me gouverne, parce qu'en même temps que je me sens vivre, je sais pourquoi je vis. Tu avais raison, Jennie, il faut aimer : donc, je veux aimer. Mais je ne saurai pas donner mon âme à demi : je veux adorer. Je n'adorerai jamais Frumence! je le respecte trop et je le craindrais. Je serais devant lui comme devant un beau livre qu'il s'agit de traduire sans contre-sens, et sur lequel on ne tarde pas à s'endormir quand on est jeune, que le soleil vous appelle en pleins champs, et qu'on est enfermé avec une tâche trop sérieuse. Frumence et toi, qui ne riez jamais et qui avez franchi toutes les montagnes de la fatigue, toutes les profondeurs de la souffrance, vous serez bien ensemble, à l'état de dieux vainqueurs des monstres. Je ne plaisante pas, Jennie : il n'y a rien pour moi au-dessus de vous deux; mais il y a en dehors de vous quelque chose de terrible et d'enivrant que vous ne pouvez pas plus l'un que l'autre me donner. Arrière ton beau Frumence! il est trop beau pour moi. Je veux un cœur plus jeune, fût-il dans la poitrine d'un homme de quarante ans. Que MacAllan vienne et qu'il me dise encore que je suis belle, qu'il me trouve parfaite, qu'il me veut ruinée, bannie, sans nom, qu'il n'a jamais aimé, que je suis la première émotion de sa vie : je sais fort bien que tout cela sera absurde et absolument faux ; mais qu'il le dise naïvement, qu'il se le persuade;

qu'il le jure de bonne foi, et je le croirai, et je serai heureuse de le croire ! Voilà l'amour, Jennie ; il n'y en a pas d'autre. C'est une chimère, si tu veux, c'est une folie, dirait Frumence. Assez de raison comme cela ! assez de rectitude d'idées, assez de déductions, assez d'analyses, assez de distinctions logiques, assez de philosophie transcendante, j'en suis lasse ! Je veux connaître cette délirante chimère et plonger dans cette immense folie. Laisse-moi aimer comme je l'entends, Jennie, et ne me parle jamais de Frumence ; il me tuerait ou il m'exaspérerait. J'en viendrais vite à le haïr ou à le railler, ce qui serait pire. J'ai en lui le meilleur des amis ; ne me l'ôte pas pour me donner un mari odieux !

LXIX

Jennie m'écoutait avec autant de stupeur qu'elle m'en avait causé une heure auparavant. Elle prit maternellement ma tête dans ses mains ; elle me regarda dans les yeux. Elle interrogea mon pouls comme eût fait un médecin.

— Tu peux m'examiner, lui dis-je, tu verras

bien que je parle du fond de l'âme, et, moi, je n'ai pas eu besoin de tant d'attention pour reconnaître que tu me mentais tout à l'heure. Allons, confesse-toi à ton tour : ma chère perfection, vous avez menti ! vous ne pourriez pas aimer un autre que Frumence, ou, si cela était, je perdrais quelque chose du respect que j'ai pour vous. Et si Frumence pouvait vous oublier pour moi, je cesserais de l'estimer. N'essayez donc pas des finesses auxquelles vous n'entendez rien, et qui eussent fait notre malheur à tous trois, si l'on s'y fût laissé prendre.

Jennie se mit à sourire avec une candeur attendrie et garda le silence un instant.

— Vous voulez déjouer mes plans, dit-elle enfin en secouant la tête : ils étaient bons pourtant, et j'ai eu tort de vous les cacher. Voyons, pensez-y bien; si ce n'est pas Mac-Allan que vous aimez, c'est Frumence, et, ne vous fâchez pas, c'est peut-être tous les deux! vous avez été enfant si longtemps, que vous n'êtes pas encore aussi femme que vous le croyez... Et avec cela cette éducation d'homme qui a embrouillé bien des choses sans faire de vous un homme!... Vous avez une imagination terrible qui va d'un sexe à l'autre sans bien savoir ce qu'elle veut. Tantôt vous jugez les hommes aussi froidement que si vous étiez leur égale; et puis il vous vient un besoin de trouver votre maître, ce qui prouve bien que vous n'aurez jamais de barbe au menton et que vous êtes faite pour aimer tout bonnement quelqu'un mieux que vous-même... Mais qui? Frumence est trop sérieux, c'est vrai; mais l'autre l'est-il assez? Si vous voulez que je vous le dise, — et je crois devoir vous le dire, — Mac-Allan a déjà beaucoup aimé. John a eu avec moi une confiance qu'il n'aurait eue, je crois, avec personne au monde, et moi qui déteste les questions et les indiscrétions, j'ai été cependant curieuse. Quand il s'agit de vous, je ferais bien des choses que je trouverais mal pour mon compte.

— Eh bien, qu'as-tu appris?

— Que Mac-Allan passe pour un libertin, et que ce n'est pas un libertin; mais c'est un enthousiaste. Quand il aime une femme, il est capable de tout pour elle, rien ne lui coûte. Il traverserait le feu et la glace. Il se battrait avec une armée. Et avec cela il est persévérant, patient, dangereux par conséquent pour qui ne serait pas libre de l'écouter sans manquer à ses devoirs.

— Très-bien, Jennie; s'il est ainsi, je l'aime!

— Oui, vous voilà dans le rêve de la passion, et je vois bien que vous y allez de bonne foi; mais il faut que cela dure de part et d'autre.

— Mac-Allan n'est pas capable de fidélité ?

— Si fait. Il a eu d'assez longues amours, mais elles ont pris fin, puisqu'il ne s'est pas marié.

— Est-ce lui qui a trahi, ou qui a été trahi ?

— Il y a eu de l'un et de l'autre, et en ce moment il inspire une grande jalousie à quelqu'un. Donc, il n'était pas dégagé d'un lien sérieux quand il s'est mis à vous aimer.

— Et il m'aime, cela est certain ?

— Il vous aime, c'est très-certain. John, qui connaît *ses symptômes,* comme il dit, ne l'a jamais vu plus épris.

— Alors, pourquoi tarde-t-il tant à reparaître, puisque je lui ai permis de venir me voir?

— Voilà ce que John ne sait pas ou ne veut pas dire. Je crois le savoir, moi.

— Dis-le!

— Mac-Allan a été jaloux un instant. Il ne l'est plus d'une manière qui puisse vous offenser ; mais il l'est encore en ce sens qu'il craint de ne pas vous plaire, et je jurerais bien que vous êtes livrée ici à l'examen de M. John, qui rend compte de vos promenades, de vos occupations, de l'état de votre humeur et de vos moindres démarches.

— Il tient peut-être un journal?

— Je n'en jurerais pas, il écrit beaucoup tous les soirs, et, à moins qu'il ne compose un livre..,

— C'est de l'espionnage : ceci m'offense.

— Et vous avez tort. Mac-Allan veut sérieusement vous épouser. Il ne doute pas de votre conduite, mais il veut s'assurer de vos sentiments...

— Et me donner le temps de les connaître? Eh bien, il a raison. Je me réconcilie avec sa modestie, dont je doutais; mais toute cette manière d'agir est fort sérieuse, Jennie. Pourquoi disais-tu que Mac-Allan n'était peut-être pas assez sérieux?

— Parce que le sérieux de quelques années d'amour ne suffit pas. Il faudrait être d'un caractère à aimer toute sa vie. Tel que je le connais et le devine à présent, Mac-Allan est très-capable de vous attendre quelques années, s'il le faut, et de vous donner une belle lune de miel; mais après? Un homme qui est si soudain dans son admiration et qui hésite si peu à changer d'idole... A quoi songez-vous?

— A la lune de miel, Jennie! Tu as dit là un joli mot.

— Bien vulgaire, mon enfant!

— Toujours adorable. C'est l'expression d'un moment de la vie où deux êtres qui se croient faits l'un pour l'autre se préfèrent l'un l'autre à eux-mêmes. Eh bien, ma chère âme, je veux goûter ce miel de l'illusion, et marcher à la clarté charmante de cet astre trompeur, mille fois préférable à l'éclat du soleil de la raison. J'ai trop de clairvoyance masculine, tu l'as dit; je veux revenir à mon sexe et croire bêtement au bonheur. A l'heure qu'il est, je sais encore trop que l'amour ne dure peut-être pas au delà d'une lune; mais, quand cette lune brillera sur moi, elle me rendra folle et me fera croire à son éternelle durée. Eh bien, ma sagesse m'enseigne ceci, que le bonheur ne doit pas se mesurer au temps, mais à l'intensité. Un instant, disent les poëtes, peut résumer une éternité de souffrance ou de joie. Voilà ce que je sens vrai aujourd'hui par intuition, et ce que Frumence n'eût jamais pu m'apprendre, il ne le sait pas. Patiente machine, il n'a pas vécu et ne peut donner la vie. Mac-Allan l'a apprise avant moi et pourra me l'apprendre. Paix à la cendre de ses anciennes amours! pardon à ses futures infidélités! Pourvu que je me sois sentie vivre un jour, je lui aurai dû mille fois plus qu'aux longues années d'étude avec Frumence!

— S'il en est ainsi, dit Jennie en soupirant, marchons! Seulement, permettez-moi d'enregistrer dans ma tête tout ce que vous venez de dire, pour vous le rappeler au jour du chagrin, du soupçon ou de la colère.

— Ce sera fort inutile, Jennie. Quand ce jour-là sera venu, le souvenir de ma foi et de mon courage ne guérira pas mes doutes et mes désillusions... Mais de quoi t'inquiètes-tu! Ne sais-tu pas qu'il n'y a pas de vie sans douleur et pas de médaille sans revers? Laisse-moi donc vivre, aimer, souffrir, m'enivrer de triomphe et m'abreuver de larmes comme tout le monde. Tu m'as trop mise dans du coton. La destinée s'est jouée et se jouera toujours de la tendresse des mères. Ton enfant veut s'embarquer et braver la tempête : laisse-la donc faire!

— Allons! dit Jennie; pourvu que je vous suive dans le danger, je me résigne.

— C'est ce que je ne veux pas. Frumence...

— Frumence peut se passer de moi. Il est fort; vous, c'est autre chose.

— Mais toi...

— Moi, je n'aime que vous. Frumence le sait bien et ne l'oublie pas.

LXX

Jennie put m'observer attentivement durant plusieurs jours; je ne changeai pas de sentiment, et, si cette joie intérieure de mon triomphe ne dura guère, du moins le triomphe fut à jamais remporté, et je ne pensai plus à Frumence avec le moindre trouble. L'orage allait venir du point où le ciel était clair et riant. Telle est la vie.

Un jour, j'avais reçu une lettre de Mac-Allan vraiment charmante, pleine de promesses quant à mon avenir, et annonçant sa prochaine arrivée avec de bonnes nouvelles.

« Chère Lucienne, disait-il en finissant, ne soyez pas surprise de me voir tant travailler à relever l'édifice de votre vie sociale et matérielle, moi qui vous souhaitais privée de tout pour avoir la joie de vous tout donner. Hélas! j'avais compté sans votre fierté, ce roc inexpugnable que je ne peux briser. Eh bien, je vous ferai rendre votre ancienne existence, et alors nous traiterons d'égal à égal, à moins que, me faisant l'injure de me trouver encore trop riche pour vous, vous ne vouliez pas vous souvenir que vous apportez en dot un certain trésor inappréciable, la perfection. »

Je relisais cette lettre en marchant, lorsque je rencontrai à la promenade une personne que j'avais depuis longtemps oubliée, miss Agar Burns, dessinant un rocher et une cascatelle. Rien n'était changé dans mon ancienne gouvernante, ni ses robes voyantes, ni sa manière de porter son châle à l'envers, ni son grand portefeuille jaune, ni sa manière de dessiner faux, ni son œil distrait, ni sa figure morne, ni son attitude délabrée. J'eus un instant l'envie de me soustraire à la rencontre; mais, si j'étais grandie et changée, Jennie ne l'était pas, et nous vîmes bien qu'Agar nous avait reconnues tout de suite. Je lui devais les avances : je l'abordai le plus affectueusement qu'il me fut possible.

Son accueil fut embarrassé, et, tout en me demandant de mes nouvelles, elle se retourna plusieurs fois comme si elle eût craint d'être vue, à ce point que je pensai qu'elle était venue là avec un amoureux et que je souhaitai le voir, car ce devait être un personnage bien fantastique. Mais je faisais trop d'honneur aux quarante-cinq printemps de la pauvre Agar. Je ne vis apparaître que deux jeunes *misses* singulièrement diaphanes qui se rapprochaient par hasard de leur institutrice, laquelle ne les surveillait pas mieux qu'elle ne m'avait surveillée, car elles étaient encore loin, et je jurerais qu'elles avaient chacune un volume de roman dans leur poche.

— Ce sont vos élèves? demandai-je à miss Agar.

— Oui, répondit-elle, des filles de très-grande maison, et je ne voudrais pas...

— Qu'elles vous vissent avec moi?

— C'est que j'ai à vous parler, Lucienne, reprit-elle avec embarras. Je n'aurais pas cherché l'occasion ; mais, puisqu'elle se présente...

Je pensai qu'elle avait un petit service à me demander ; je l'engageai à venir chez moi quand elle en aurait la liberté.

— Je ne l'aurai jamais, dit-elle vivement.

Et, se retournant encore, elle vit que ses élèves s'éloignaient de nouveau, charmées de la voir occupée et de pouvoir prolonger leur école buissonnière.

— Alors, parlez ici, lui dis-je.

Elle fit un geste d'anxiété. Jennie comprit qu'elle la gênait, et s'éloigna aussi.

— Eh bien, miss Burns ?

— Eh bien, ma pauvre Lucienne, je vous dois un conseil, s'il en est temps encore... Je ne puis croire que vous soyez perdue !...

— Je vous remercie de cette confiance, repris-je avec ironie.

— Ne le prenez pas si haut, Lucienne, vous êtes perdue de réputation. Il faut que vous ayez été bien mal conseillée ou bien mal inspirée pour venir demeurer chez M. Mac-Allan !

— Je ne suis pas chez M. Mac-Allan. Je paye un loyer au propriétaire d'une maison qui ne lui appartient plus.

— Oui, oui, je sais que tout a été concerté pour

que vous fussiez dupe ou pour que vous pussiez expliquer les choses d'une manière décente; mais, si vous ignorez la vérité, je dois vous la dire, après quoi ma conscience sera satisfaite. Sachez donc que votre histoire a fait trop de bruit pour ne pas être venue jusqu'à moi, et, grâce à la notoriété de lady Woodcliffe et à celle de M. Mac-Allan, elle n'a pas moins occupé l'opinion en Angleterre qu'ici. M. Mac-Allan est un homme de beaucoup d'esprit que j'ai rencontré autrefois dans les salons, mais c'est un Lovelace que les femmes vertueuses n'estiment pas. Ses relations avec votre belle-mère sont connues de tout le monde et datent de si loin, que je ne comprends pas votre aveuglement. Tout le monde s'est dit que c'était une vengeance de femme contre des persécutions de marâtre. Ces persécutions ont été d'abord mal accueillies dans le public; mais, quand on a su que vous acceptiez beaucoup d'argent (on a parlé d'un chiffre énorme) pour renoncer à un nom contestable qui eût dû cependant vous être cher, quand on a su, en outre, que vous vous laissiez courtiser par le rival de votre père, on s'est tourné contre vous et on s'est promis de ne jamais vous accueillir nulle part. C'est pourquoi, et je vous en demande pardon, je ne puis aller chez vous, et ne puis même me laisser surprendre par mes élèves, causant avec vous. Je perdrais ma place si leurs parents le savaient. Adieu donc, Lucienne ; faites votre profit de ce que je vous ai dit, à moins que vous ne soyez une créature perverse, auquel cas vous vous moquerez de ma sollicitude et dédaignerez ma compassion.

En parlant ainsi, Agar avait rebouclé son portefeuille et relevé son châle, qu'elle serra autour de ses flancs plats comme si elle eût craint le contact de son vêtement avec le mien, et elle s'éloigna à grands pas, sans me donner le temps de lui répondre.

Jennie me trouva bien agitée. Je lui cachai l'insulte que je venais de recevoir, cela faisait partie du martyre que je m'étais prescrit de subir pour l'amour d'elle ; mais je lui fis part des insinuations de miss Agar sur le compte de M. Mac-Allan.

— Il faut, lui dis-je, qu'il y ait là-dessous quelque chose de vrai, puisque c'est la seconde fois qu'on m'en avertit. Ne sais-tu rien ? John est-il impénétrable sur ce point ? Quelle est cette femme jalouse de moi dont il t'a parlé ?

— Je ne sais pas, dit Jennie ; mais, si Mac-Allan a porté le déshonneur dans la maison de votre père, et qu'il songe à vous épouser, il est un malhonnête homme. Or, comme cela n'est pas, qu'il a une bonne réputation, un état qui exige l'honorabilité... Non, cela n'est pas, Lucienne! C'est une invention de madame Capeforte, avec qui miss Agar était très-bien, et avec qui elle est peut-être restée en correspondance. Ce propos-là vous vient donc de deux femmes dont l'une est méchante, l'autre sotte. Vous ne devez pas y faire plus d'attention la seconde fois que la première.

Jennie ne put me rassurer. Je fus comme exaspérée tout le reste du jour, et je ne fermai pas l'œil de la nuit.

— Sais-tu, dis-je à Jennie le lendemain matin, que, s'il y a seulement une apparence de vérité à cette histoire, je suis ici dans une situation honteuse, impossible? Mac-Allan a beau ne pas croire que je sois la fille de M. de Valangis, il ne peut pas non plus affirmer le contraire, et dès lors il me déshonore après avoir avili mon père.

— Il va arriver, reprit Jennie. Vous aurez une explication là-dessus, il le faut!

— Oui, il va arriver, et je vais peut-être l'aimer follement, car sa dernière lettre est passionnée; elle m'a donné la fièvre... Il faut fuir, Jennie, je ne veux le revoir que complétement justifié.

— Donnez-moi jusqu'à demain, reprit Jennie. Je saurai à tout prix la vérité.

— Mais s'il arrive ce soir?

— Eh bien, je la saurai tout de suite.

Elle me quitta vivement. Qu'allait-elle faire ? Ce cœur intrépide était capable de tout pour moi. Elle alla trouver John. Elle avait vu dans son petit salon particulier, car il était logé comme un *gentleman*, plusieurs portraits de femmes qu'il disait être des figures de fantaisie ou des miniatures d'originaux inconnus achetés autrefois par son maître. J'avais admiré quelques-uns de ces ouvrages, et Jennie s'était dit que ce pouvaient être les portraits des anciennes maîtresses de Mac-Allan, ramassés par son valet de chambre. Elle plaida héroïquement le faux pour savoir le vrai.

— Savez-vous ce qui nous arrive ? dit-elle à John : on nous réclame le portrait de lady Woodcliffe !

John sourit d'un air d'incrédulité. Nous ne recevions de lettres que par ses mains.

— Vous ne me croyez pas ? reprit Jennie. Hier, vous avez pu voir de loin une dame qui parlait secrètement à mademoiselle. C'est son ancienne gouvernante anglaise. Elle connaît lady Woodcliffe ; elle était chargée du message.

— Faites-le voir, dit John.

— C'était une commission verbale. Lequel de ces portraits représente lady Woodcliffe ?

— Celui-ci, dit John en lui montrant une gravure. Cette dame a eu une grande réputation de beauté. Sir Thomas Lawrence a fait son portrait, on l'a gravé et publié. Si elle le réclame, on peut lui dire qu'on l'a payé; il est dans le commerce.

— Il n'en est pas moins vrai que M. Mac-Allan a été l'amant de cette dame ! Tout le monde le sait.

— Excepté moi, répondit John impassible.

— Non, vous savez tout. Je vous croyais honnête homme ; vous ne l'êtes pas, si vous vous prêtez aujourd'hui à une infamie.

— Mon maître est incapable de m'employer à une infamie.

— Prouvez-le ! vous le pouvez. Votre maître va certainement dire la vérité à mademoiselle Lucienne, qui compte la lui demander sur l'honneur. Faites vis-à-vis de moi la même chose : jurez-moi sur l'honneur qu'il n'y a jamais rien eu entre votre maître et la femme du marquis de Valangis. Jurez, John, car je jure de vous croire.

John pâlit, trembla et resta court. C'était un honnête homme ; Jennie lui serra la main, et, comme il voulait donner quelques explications :

— Je ne veux rien savoir de plus, lui dit-elle.

Et elle accourut me rejoindre en s'écriant :

— Partons ! c'est une question d'honneur et de dignité ; vous aurez tout le courage qu'il faut.

En deux heures, nos paquets furent faits.

— A quoi bon partir? nous dit le pauvre John consterné; mon maître vous eût donné des explications satisfaisantes, et il vous les donnera. Il ira vous trouver; n'espérez pas qu'il ne vous retrouvera pas, fussiez-vous bien cachées. Moi-même, je vous déclare que je vais vous suivre pour l'avertir, c'est ma consigne, et je n'y manquerai pas.

J'avais réfléchi tout en faisant mes malles. Je m'attendais parfaitement à ce que John allait faire.

— Je me cache si peu de vous, lui dis-je, que je comptais sur votre compagnie. Ayez-nous une voiture pour Nice. De là, nous prenons la terre ou la mer, et nous allons au plus vite à Toulon. Il est inutile d'en avertir votre maître. Je vais le lui écrire. En effet, j'écrivis à Mac-Allan ce qui suit :

« Vous m'avez donné le temps de m'interroger. Je vous en remercie. Je vois clair dans ma conscience à présent. J'aime quelqu'un et ne puis être à vous.

« LUCIENNE. »

J'écrivis cette lettre en double, afin qu'il en reçût une à Paris et l'autre à Sospello, s'il était déjà en route; puis j'en écrivis une à lady Woodcliffe, marquise de Valangis, à l'*hôtel des Princes*, à Paris :

« Milady, je romps le traité que j'ai signé avec vous. J'ai reconnu que je n'avais aucun droit au nom de Valangis, non plus qu'à l'héritage dont vous m'aviez offert le dédommagement. Dans cette situation, je ne puis rien accepter de vous et vous autorise à faire de ma déclaration tel usage qu'il vous plaira.

« LUCIENNE. »

Sans consulter Jennie et sans lui dire ce que contenaient ces deux lettres, je les cachetai et les remis moi-même au facteur, que je guettai avec soin et ne perdis pas de vue avant qu'il fût bien loin avec mes missives dans sa boîte.

Mes derniers vaisseaux étaient brûlés. Mon ennemie pouvait faire prononcer le jugement sans autre contestation et sans autre preuve que mon aveu. Jennie était à jamais à l'abri du danger des poursuites, et, moi, j'étais affranchie de la honte de ma transaction. Il n'y avait plus de procès possible, et j'étais maîtresse de rentrer en France. D'autre part, je donnais à entendre à Mac-Allan que j'avais aimé et que j'aimais toujours Frumence. Je déclarai à Jennie que je voulais aller passer quelques jours aux Pommets pour donner de la vraisemblance aux soupçons. Elle ne fit point d'objections. John n'essaya pas de retarder notre départ.

Nous étions si résolues à nous en aller, fût-ce à pied, que la violence seule eût pu nous retenir. Il écrivit à son maître et nous amena une voiture de louage. Je réglai tous mes comptes avec lui, c'était l'argent de Jennie. Je la dépouillais cette fois sans scrupule. Notre honneur était un fonds commun, indivisible. Le soir même, nous partions pour Toulon par la diligence. Nous ne vîmes pas John y monter avec nous, il resta caché sur l'impériale ; mais, à Toulon, nous le trouvâmes tout prêt à nous aider à repartir pour les Pommets. Quand nous y fûmes installées au presbytère, il disparut sans nous rien dire.

Frumence ne revenait pas de sa surprise. Il était loin de soupçonner le rôle qu'il jouait cette fois entre Mac-Allan et moi. Il crut que je venais le trouver pour lui demander conseil, et il nous céda son logement pour aller demeurer chez Pachouquin.

LXXI

Je m'étais attendue à une grande émotion le jour où je reverrais mon pays après cette absence, la première de ma vie. J'en éprouvai fort peu, tant j'étais absorbée par ma blessure intérieure et par la stupeur de ma déception. Je dois dire que Frumence se refusa tout d'abord à croire que Mac-Allan fût coupable; mais Jennie avait été si frappée du silence de John, et il y avait eu quelque chose de si frappant aussi dans celui qu'il avait gardé en nous accompagnant et en nous quittant, que Frumence fut ébranlé. N'importe, il voulait avoir une explication avec John ou avec Mac-Allan. Je m'y opposai si énergiquement et Jennie l'y encouragea si peu, qu'il resta en proie à une grande indécision.

Après une nuit d'accablement, je me levai de bonne heure et je marchai seule, au hasard, dans la montagne. J'allai jusqu'auprès du régas de Dardenne sans savoir où j'étais. Quand je me reconnus au rude sentier à pic qu'il faut gravir, je m'enfonçai avec plaisir dans cette austère solitude, et, parvenue à la bouche béante de l'abîme, je me demandai si je ne ferais pas un acte de raison et de vertu en m'y ensevelissant pour jamais. Je n'avais plus rien dans l'avenir qui me fît désirer de vivre, et je n'étais retenue dans ce monde que par deux excellents amis, Frumence et Jennie, dont j'étais certes le tourment et le fléau. N'étais-je pas l'obstacle à leur union? Jennie n'allait-elle pas reprendre, maintenant que j'étais ruinée et trahie, le projet de me faire aimer de son fiancé? Oui, certes, son aveugle dévouement me l'avait fait de nouveau pressentir. En voyage, elle ne m'avait parlé que de lui. Elle n'avait pas voulu voir que j'aimais passionnément Mac-Allan depuis le jour où j'avais sujet de le haïr et de le mépriser. De ce que j'avais l'extérieur stoïque, elle concluait que je ne souffrais pas et que j'allais revenir à l'idéal de vertu sans ombre et de pureté sans tache que Frumence représentait à ses yeux.

Ainsi, je redevenais le malheur de cet homme en qui je ne pouvais placer mon bonheur, et peut-être, à l'heure qu'il était, Jennie s'occupait déjà de l'émouvoir et de le persuader pour qu'il réalisât son rêve. Et cela, au moment où l'idée de ce rêve m'était insupportable et où la figure sereine de Frumence, comparée à la mobile et vivante physionomie de Mac-Allan, me devenait presque antipathique.

Tout était confus, brisé, tordu, inextricable dans ma destinée et dans mon âme. Si Mac-Allan me fût apparu en cet instant, je me serais jetée dans le précipice plutôt que de l'écouter; et, à chaque mouvement des branches autour de moi, je tressaillais d'une joie terrible, car j'aurais donné tout le reste de mes jours pour qu'il me fût possible de croire en lui une heure encore.

Il y eut dans les arbres un bruit régulier comme des pas qui s'approchaient. Je me levai pour fuir. Je retombai suffoquée par les battements de mon cœur. Un instant après, je vis que c'était une martre qui rongeait et creusait une souche. Ma peur se dissipa et fit place à un regret désespéré.

Je voulus épuiser en un jour le calice de ma douleur et revoir Bellombre pour la dernière fois ; car j'étais bien résolue à quitter le pays, quoi qu'il pût arriver. Je descendis la Dardenne en marchant sur les blancs escaliers de son lit desséché, parmi les lauriers-roses. Les moissons étaient enlevées, les olives cueillies, la verdure jaunie ; le pays, le cher pays me parut affreux, morne, incolore, misérable. Je m'arrêtai devant ma triste maison fermée. Je vis Michel qui soutenait avec des fils de fer les roses du berceau. Il ne m'aperçut pas, je n'eus pas le courage de lui parler. Je m'assis un instant dans la poussière du chemin, où, du haut de la terrasse, le pittospore jetait un peu d'ombre. Je vis de loin les meuniers occupés à leurs travaux, comme si rien n'eût été changé autour d'eux. Ils ne pensaient certainement pas à moi. J'évitai leur rencontre. Je me glissai à la Salle verte. L'herbe avait déjà envahi le petit sentier qui y conduisait, personne n'y allait plus. J'y fis machinalement un bouquet, puis je le mis tremper dans un peu d'eau qui frissonnait sur les pierres, et je l'y laissai. J'étais maudite ; pourquoi emporter ces pauvres fleurs?

Je rentrai brisée sans avoir dit un mot à personne. Je rencontrai quelques paysans qui ne me reconnurent pas sous mon voile, ou qui hésitèrent un instant et me prirent pour une étrangère en ne recevant pas le bonjour accoutumé.

Je trouvai Jennie inquiète de moi. Elle avait envoyé Frumence à ma recherche. Leur sollicitude me donna de l'humeur, je me plaignis d'être un sujet de tourment et de ne pouvoir souffrir en paix. Jennie eut des larmes dans les yeux; moi, j'en avais le cœur plein, et je la trouvai faible de ne pas me cacher les siennes.

J'essayai de causer avec l'abbé Costel. Il me fit des questions et des réflexions si naïves sur l'état de mon esprit, que je m'imaginai causer avec un enfant de cinq ans. Il me félicita d'avoir deviné à temps la perfidie, et m'engagea à habiter les Pommets, où l'étude du grec me consolerait de tout. Je le quittai pour aller voir la tombe de ma grand'-mère. Mon cœur ne put s'y détendre. Je remarquai une tombe toute fraîche à côté de la sienne, et je regardai le nom écrit en blanc sur la petite croix de bois noir. C'était la vieille Jacinthe enterrée là depuis huit jours. Cette chose imprévue fit enfin couler mes larmes.

— Et pourquoi attacher tant d'importance au fait de la vie? me disais-je. Cela passe si vite et laisse si peu de trace! Michel adorait sa vieille mère et se préoccupait d'elle le jour et la nuit. Pourtant je viens de le voir taillant des branches et attachant des roses avec autant de soin et d'amour que s'il ne l'avait pas enterrée la semaine dernière. J'ai vu sa figure, elle était douce et calme comme auparavant. Il semble que le suprême repos dont jouit maintenant cette pauvre femme soit pour son fils la récompense d'une vie de travail et de dévouement. Et moi, ne suis-je pas déjà morte et ensevelie pour tous ceux qui m'ont aimée? Mon enfance a été comme arrosée à toute heure par des sourires de bienveillance et des regards de protection. Je croissais comme une plante bénie sur laquelle se concentraient toutes les espérances de la famille. Le pittospore et les roses de notre jardin n'ont-ils pas été aussi l'objet de soins assidus, et n'ont-ils pas fait l'orgueil et l'éclat de la maison? Qu'un coup de vent les dessèche, on plantera d'autres arbres et d'autres fleurs à la place qu'ils occupaient. Vienne un autre maître, avec d'autres enfants : qui se souviendra de Marius et de moi à Bellombre?

La soif de mourir s'empara de moi, ardente et sombre, sur ces tombes paisibles. Je remarquai sur celle de Jacinthe des plantes qui ne croissaient que dans notre jardin, et que Michel avait dû apporter là. Il n'avait donc pas oublié? Il en avait mis aussi sur celle de ma grand'mère : c'était un dernier hommage, un tendre souvenir. J'enviai le sort des êtres disparus que l'on peut honorer et satisfaire dans leur mystérieuse autre vie avec des attentions si naïves et des soins si faciles, et je m'écriai :

— Heureux les morts, car ils ne gênent plus les vivants!

Frumence rentra et vint me chercher là après m'avoir cherchée dans tous les environs une partie de la journée. Je l'en grondai au lieu de l'en remercier, et je lui laissai voir l'amertume et le découragement dont mon âme était remplie. Il voulut me réconcilier avec l'existence en me parlant encore des joies du devoir accompli. Sa vertu m'irrita; je lui répondis qu'il était facile d'être fort quand on était froid, et de ne pas regretter le bonheur quand on n'en avait jamais eu la notion. Il soupira, et ses yeux se portèrent à la dérobée vers Jennie, qui venait m'appeler pour dîner. J'étais injuste et cruelle, et je me disais qu'il fallait mourir pour ne pas devenir odieuse.

LXXII

Quelques jours se passèrent sans qu'il me fût possible d'écouter aucune consolation et sans que je voulusse faire un projet quelconque. Je vivais seule obstinément, je cherchais les ravins impraticables, et je trouvais des abris cachés sur les flancs du *baou de quatre heures,* une haute colline arrondie en pâturages naturels, et coupée à pic ou creusée en biseau de place en place. Ses formes sont belles et sa cime paisible, car en été l'herbe y est brûlée, et personne n'y monte. Je me glissais dans les grandes brèches calcaires qui soutiennent les dernières terrasses, et, sous l'ombrage de quelques pins enfouis dans les fentes, j'échappais aux investigations de mes amis. Je me nourrissais obstinément de la pensée de la mort pour échapper à cette vie tumultueuse qui m'avait souri et qui ne méritait plus que ma haine. C'était certes l'occasion de revenir à Frumence; mais justement Frumence, invincible sous les coups de la destinée, m'indignait comme une anomalie. Quand Jennie essayait de me le donner en exemple, j'étais véritablement en colère.

— S'il est déjà mort, lui disais-je, pourquoi ne se fait-il pas enterrer? Quelle est cette prétention de vivre sans cœur et sans cerveau? Frumence ne peut plus me rien enseigner, et il n'y a jamais eu en lui pour moi de véritable assistance. Enfant, j'aurais déjà pu lui dire : « Rocher, qu'y a-t-il de commun entre toi et moi? »

Dans ma dureté, j'avais raison jusqu'à un certain point. Frumence ne pouvait me consoler et me fortifier, parce qu'il ne comprenait absolument rien à ma blessure. Il était trop logique pour toucher à cette chose délicate et capricieuse, le cœur d'une vierge. Il me parlait comme à un homme, croyant avoir fait de moi un homme. Selon lui, on ne pouvait sans folie regretter un indigne amour. J'étais forcée de lui cacher ma souffrance, et, quand il la pénétrait, car il avait de la finesse d'observation, je lui disais brusquement :

— Eh bien, oui, c'est de la folie! Après? Laissez-moi, puisque vous n'y pouvez rien!

Il y mit toute la douceur et toute la patience dont il était capable; mais j'avais le cœur plein d'amertume : je me figurai que je l'ennuyais en troublant les habitudes de sa vie studieuse, et qu'il était accablé plus que touché de mes peines.

La présence de Jennie elle-même ne le charmait pas, selon moi, comme j'aurais dû m'y attendre. Les continuelles préoccupations dont j'étais l'objet de sa part le rendaient peut-être jaloux; enfin j'étais si mal disposée, qu'il me semblait ne plus pouvoir estimer personne.

Jennie vit que j'étais désespérée de la vie, et son courage l'abandonna. Un matin, je fus frappée de la pâleur de son visage, ordinairement si frais, et de quelques cheveux blancs mêlés aux noirs bandeaux qui encadraient son front. J'eus peur : je m'aperçus qu'en huit jours Jennie avait vieilli de dix ans.

— Qu'as-tu? m'écriai-je.

— J'ai votre chagrin, répondit-elle.

Elle disait vrai. Elle ne s'occupait nullement d'elle-même. Mon malheur était le sien, elle n'en pouvait concevoir d'autre; le coup qui me frappait la frappait tout au fond du cœur. Je fus déchirée de remords, je tombai à ses pieds.

— Jennie, lui dis-je, c'est moi qui te tue! Voilà pourquoi, depuis huit jours, j'ai envie de me tuer!

— Oui, je le vois bien. Je le sais, *vous ne voulez plus rien vouloir*. Toutes les fois que vous sortez, je me dis que vous ne rentrerez peut-être pas, et que, si je vous importune en vous suivant, ce sera pire. Toutes les nuits, je me dis que vous ne vous réveillerez peut-être pas. Vous connaissez les plantes, vous pouvez rapporter de vos promenades quelque poison. Aussi je ne dors pas la nuit, et le jour je ne sais pas ce que je fais. Quand je prépare vos repas, je ne sais qui les mangera, et, quand je raccommode vos jupes, déchirées dans vos courses furieuses, je me dis : « Autant d'accrocs, autant d'accès de rage qu'elle a eus! » Enfin vous voulez me débarrasser de vous, n'est-ce pas? Eh bien, suivez votre idée ; Jennie ne souffrira pas longtemps après cela. C'est mal de se tuer, Dieu le défend ; mais, quand on n'a plus rien dans la vie et qu'on ne peut plus servir personne, c'est peut-être un devoir de laisser la place aux autres... Ne dites rien, ajouta-t-elle avec exaltation ; je sais tout ce que vous pensez! C'est pour me faire place, à moi, que vous voulez partir; c'est pour que j'aime quelqu'un, pour que je me marie, pour que je travaille pour mon compte. Sotte et cruelle enfant! Essayez donc! De l'autre vie, on voit dans celle-ci, et vous verrez le beau bonheur que vous aurez laissé à Jennie! Ah! la pauvre madame! Elle voit à présent où nous en sommes, et nous la mettons en enfer, car il n'y en a pas d'autre que le malheur de ceux que nous avons aimés. Elle ne méritait pas cela pourtant, elle qui ne vivait que pour nous!

Jennie fondit en larmes. Je ne l'avais jamais vue succomber sous le fardeau de la vie. Elle succombait : c'était mon œuvre. J'eus horreur de moi.

LXXIII

Je me relevai avec enthousiasme.

— Jennie, m'écriai-je, je vivrai pour toi et pour ma grand'mère. Voyons! ma peine s'efface, je le veux, c'est fait. Agissons, voulons, décidons quelque chose à nous deux, tout de suite, sans le conseil et l'aide de personne. Allons-nous-en, surtout allons bien loin. Vivons ensemble du même travail et du même pain, des mêmes fatigues et des mêmes forces : notre joie sera de nous être mutuellement consolées et guéries!

Jennie ne savait pas tout ce que je lui avais sacrifié. Je lui appris que j'étais sans ressources désormais, ne voulant plus rien devoir à lady Woodcliffe d'une part, et de l'autre m'étant retiré les moyens de plaider pour rentrer dans mes droits. Je lui laissai croire que j'avais agi ainsi sous le coup du dépit causé par Mac-Allan sans qu'elle y fût pour rien. Aussi ne comprenait-elle rien à ma résolution; elle essayait d'y trouver un remède, elle voulait consulter M. Barthez; mais M. Barthez était absent, il avait été appelé à Marseille pour une affaire importante qui devait le retenir quinze jours. Je ne voulais pas l'attendre, et, d'ailleurs, je regardais mon désistement comme une chose sacrée sur laquelle j'aurais rougi de songer à revenir. C'était la seule résolution qui me consolât des humiliations dont j'étais abreuvée, et mon dénûment volontaire était l'unique protestation que je pusse élever contre les calomnies dont j'étais l'objet.

Jennie se résigna devant le fait accompli.

— Eh bien, dit-elle, faisons nos comptes. Nous avons en tout huit mille francs, dont six mille du traitement que je recevais de votre grand'mère, et deux mille que j'avais auparavant. Avec cela, nous n'avons pas de quoi vivre. Il faut travailler, il faut, en cinq ou six années, gagner encore douze mille francs. Alors, nous aurons mille francs de rente et nous vivrons à la campagne, où vous voudrez, dans un beau pays, vous avec vos livres, moi avec le soin de notre ménage.

— Très-bien, Jennie, travaillons, me voilà prête. Qu'allons-nous faire?

— La seule chose que je sache faire pour gagner assez vite ce qu'il nous faut. Je m'entends au commerce ; nous allons acheter un petit fonds que j'espère faire prospérer et revendre avec profit. Pendant que je tiendrai ma boutique, vous ferez des traductions. Il n'est pas possible qu'instruite comme vous l'êtes vous ne trouviez pas quelque chose à faire. Je soupçonne M. Mac-Allan de ne pas s'en être occupé du tout. Nous allons donc commencer par aller à Paris pour chercher un éditeur, puisqu'il faut cela ; après quoi, nous aviserons à nous établir dans quelque endroit favorable à mon travail et au vôtre. Si ce n'est pas encore pour le mieux, nous nous dirons que c'est en attendant le mieux.

Frumence consulté approuva courageusement Jennie en lui disant que, s'il devenait libre et que nous eussions besoin de lui, il ne serait jamais empêché par rien au monde de nous rejoindre ou de se consacrer à nous.

— Vous entendez bien, toutes deux? ajouta-t-il; où vous voudrez, comme vous voudrez : je vous aiderai de loin ou de près dans votre commerce, ou je prendrai un emploi. Ce qui est à moi est à vous aujourd'hui et toujours. Il n'y aura rien, jamais rien, après l'abbé Costel, qui soit un obstacle entre vous et moi dans ma vie ; fût-ce dans un an, fût-ce dans vingt ou dans trente, je suis à vous, je suis votre chose. Ne l'oubliez jamais ni l'une ni l'autre.

Nos paquets étaient à peine défaits, nous eussions pu partir le soir même; mais il fallait que Frumence allât chercher une partie des fonds que Jennie avait déposés chez M. Barthez, qui les faisait valoir. Il était trop tard pour se rendre à Toulon, l'étude serait fermée. Nous décidâmes qu'il irait le lendemain matin, et que nous partirions le soir par la malle-poste.

Ma résolution prise, je me sentis plus calme et comme récompensée d'avance de la vie de travail que j'acceptais. Jennie était grave et pensive. Je l'emmenai promener sur le *baou* pour saluer avec elle une dernière fois le coucher du soleil de Provence sur la mer. Frumence nous accompagna, et nous parlâmes de nos projets; mais le silence de Jennie nous inquiéta.

— Souffres-tu? lui dis-je. Ce sentier est fatigant; descendons.

— Non, dit-elle, marcher fait toujours du bien. Montons encore un peu.

Quand nous fûmes à mi-côte de la colline, je la fis asseoir, et, feignant d'admirer la Méditerranée en feu, je regardais Jennie à la dérobée; je savais qu'elle n'aimait pas qu'on s'occupât d'elle. Je vis dans les yeux de Frumence la même anxiété que j'éprouvais. Jennie était de plus en plus pâle, et le chaud reflet du couchant qui teignait en rose ses vêtements clairs faisait paraître sa figure comme bleuâtre. Tout à coup sa tête se pencha en arrière, et je n'eus que le temps de la retenir dans mes bras. Elle s'évanouissait; elle revint au bout d'un instant.

— Mes enfants, dit-elle, je me sens mal. J'étouffe. Laissez-moi reposer ici. Cela va passer; tout passe.

Elle eut deux autres défaillances rapidement dissipées, et une troisième qui dura près d'une minute. J'étais épouvantée, je m'accusais du mal que je lui avais fait. Frumence voulait l'emporter.

— Non, dit-elle, vous me tueriez. Ne me touchez pas. Laissez-moi là. Ayez un peu de patience.

Nous étions à un quart de lieue de toute habitation. Frumence sauta plutôt qu'il ne descendit dans le ravin le plus proche pour y cueillir des feuilles de menthe, afin de les lui faire respirer. Nous n'avions aucun autre remède sous la main. A peine eut-il disparu que Jennie eut une nouvelle syncope, et je sentis ses bras se roidir et ses mains se crisper. Je crus que j'allais mourir aussi. Je ne voyais plus le soleil étincelant. Tout devenait livide autour de moi. Je ne voyais même plus Jennie, et je ne la savais là qu'en sentant contre mes lèvres la sueur glacée de son front.

La menthe que Frumence apportait la soulagea un peu; mais ce n'était pas de quoi lui rendre ses forces.

— Mes enfants, nous dit-elle encore, mais découragée cette fois, je crois que je vais mourir ici... Oui, je sens que je meurs. — Frumence, n'abandonnez jamais Lucienne... Ne me plaignez pas, je meurs sans avoir fait aucun mal... Jamais! je meurs au soleil... à l'air... mais je ne le sens plus. — Frumence, adieu, je vous aimais plus que vous ne pensez; sans *elle*, je vous aurais épousé. Aimez-la... comme votre sœur. Ah! oui, je vous aimais bien tous deux! Vous m'enterrerez auprès de ma chère dame...

Elle s'évanouit cette fois si profondément, que nous ne sentions plus son cœur battre. Frumence se résolut à l'emporter. Quand nous la déposâmes sur son lit, nous la crûmes morte, et je ne peux plus me faire de notre désespoir aucune idée que je puisse traduire par des paroles.

LXXIV

Jennie fut entre la vie et la mort pendant trois semaines. Le médecin de Toulon que nous fîmes venir, car je n'avais aucune confiance dans le docteur Reppe, me disait en vain que c'était sans doute une maladie chronique déjà ancienne que Jennie avait trop cachée et trop brutalisée ; je n'en croyais rien ; je n'accusais que moi, ma lâche, mon égoïste personnalité, du chagrin qui l'avait brisée. Il y eut des jours affreux, des heures de souffrance atroce où Jennie elle-même, dans le délire, m'accusait de l'avoir tuée à petit feu par mes soucis et mes caprices. Aussitôt qu'elle avait un moment de calme, elle me jurait le contraire, et, n'ayant pas conscience de ce qu'elle avait dit, elle s'étonnait de mes remords. Elle me promettait alors de vivre pour moi, disant qu'elle saurait bien nous faire une existence heureuse, et s'impatientant de sa maladie comme d'un retard dont elle s'accusait ; mais, quand revenaient les crises, elle appelait la mort, disant qu'elle avait bien assez souffert dans sa vie et qu'il était temps d'en finir.

Je ne l'avais pas quittée d'un instant; je n'avais confié à personne les soins les plus minutieux et les plus pénibles. Je n'avais pas dormi deux heures par semaine, je tombais de fatigue et de désespoir lorsque le médecin me fit tout oublier en me disant qu'elle était sauvée. Pourtant la convalescence fut encore plus pénible, moralement parlant, que la maladie. Je souffris dans mon cœur et dans mon esprit toutes les tortures imaginables. Jennie, qui était la perfection dans la force, ne s'était jamais trouvée aux prises avec un état physique qui paralysât l'action de sa volonté. Le rôle passif était tellement contraire à sa nature, qu'elle perdit le courage au moment où elle n'avait plus besoin que de patience. Elle avait lutté héroïquement contre l'agonie, et ses cris de désespoir avaient été rachetés par de sublimes efforts de résignation et de tendresse; quand elle recouvra l'habitude de vouloir, l'équilibre entre sa force d'aspiration et sa force d'exécution se trouvant rompu, elle eut des faiblesses d'enfant, des impatiences et des caprices, des larmes et des révoltes; elle fut ce qu'on appelle une mauvaise malade, et il y eut des jours entiers où elle sembla ne plus m'aimer.

J'avais mérité ce châtiment pour m'être laissé trop chérir. Aussi, malgré ses rudesses, mon adoration pour elle ne se démentit pas un instant. Mon cœur s'oublia lui-même et méprisa ses propres blessures pour recevoir et partager toutes les blessures du sien. Je savourai sans me plaindre et sans me lasser ce calice dont je me reprochais de lui avoir versé le fiel : ce fut mon expiation.

Jennie fut plus douce, plus soumise et plus reconnaissante envers Frumence qu'envers moi. Elle trahissait ainsi l'amour qu'elle avait tant caché, tant surmonté et tant voulu sacrifier. Elle trahissait aussi les moments de colère, d'aversion, de jalousie peut-être qu'elle avait dû éprouver en s'immolant pour moi. Chère Jennie, combien je l'admirai, combien je la connus et l'appréciai quand son délire, et son abattement qui était du délire encore, me révélèrent les combats intérieurs où son amour pour moi avait triomphé! Je voyais enfin la femme percer à travers l'ange, et l'ange était d'autant plus céleste que la femme avait plus souffert. Mon unique consolation dans cette épreuve fut de dire à Frumence, dans les rares entretiens que je pus avoir avec lui, — car Jennie dormait peu, — tout ce que je découvrais d'amour pour lui dans le cœur si longtemps fermé de cette sainte. Je lui reprochai, à lui, de s'être trop soumis à ma destinée, et je lui fis promettre que, lorsque Jennie guérie reviendrait à son système d'absorption en moi, — car nous savions bien qu'elle y reviendrait, — il aurait la ferme volonté de m'aider à le combattre.

Il réfléchit un instant et répondit :

— Oui, Lucienne, il faut que cela soit, et cela sera, je vous le jure devant Dieu!

— Dieu? m'écriai-je; vous dites *Dieu*, Frumence? C'est donc que vous l'avez prié pendant l'agonie de notre chère malade?

— Non, ma chère Lucienne, je n'ai pas cru devoir prétendre à obtenir un prodige, et je savais que la nature avait en elle seule et en elle-même le don des miracles. Quand je dis Dieu, c'est pour nommer une des plus douces hypothèses que l'esprit humain puisse concevoir, c'est pour désigner le bien absolu dont nous portons en nous-mêmes l'aspiration. J'accepte ce que vous croyez, je n'y crois pas pour cela. Résignez-vous, Lucienne, à estimer sans réserve les gens qui aiment le vrai, quand même ils le voient sous un aspect qui vous semble faux.

— Prenez garde, mon ami, Jennie est croyante; il ne faudra jamais la blesser.

— Si Jennie veut que j'aille à la messe, j'irai. Je la servirai même encore au besoin, et si elle veut que je ne dise jamais que je ne crois point, je ne le dirai jamais. C'est si facile!

Je vis que Frumence n'avait pas changé un *iota* à son programme. La vie qu'il menait aux Pommets n'était pas faite pour modifier ses idées. Il était toujours l'homme le meilleur, le plus généreux, le plus pur et le plus sûr; mais l'idéal n'était pas nécessaire à sa conception métaphysique, et il n'avait pas besoin d'un autre Dieu que sa propre conscience. Le feu sacré lui manquait, même celui de la révolte contre les idées qui gouvernent la plupart des autres hommes. Ce qui était erreur à ses yeux ne l'irritait pas. Il était un admirable type de tolérance et de sagesse. Il manquait de flamme, et je ne pus m'empêcher de lui dire qu'il était une lumière froide.

Il sourit en me répondant :

— C'est pour cela que j'aime une femme plus âgée que moi, et que je vois la perfection où elle est, sans lui demander de m'embraser, pourvu qu'elle me pénètre.

LXXV

Enfin Jennie se calma, et, à mesure que les forces physiques revinrent, l'exaspération nerveuse diminua. Le jour où elle put faire ce qu'elle souhaitait depuis longtemps, qui était de remonter au *baou* où elle s'était sentie foudroyée par son mal, et où elle voulait, disait-elle, renouveler son bail avec la vie afin de nous la consacrer, elle fut véritablement guérie. Elle chercha sur l'herbe de la colline la place où elle s'était affaissée; mais l'automne était venu, et l'herbe brûlée avait repoussé et reverdi. La mémoire de Frumence suppléa aux indices qui nous manquaient. Il retrouva aisément le creux où croissait la menthe et le talus où nous avions cru nous dire un éternel adieu. Nous enlaçâmes nos mains tous trois en ce lieu terrible, et Jennie nous dit :

— Mes enfants, je remercie Dieu! Il n'eût été ni difficile ni cruel de mourir ce jour-là. Je ne souffrais pas, je voyais déjà de l'autre côté de la vie, et les peines de celle-ci ne me paraissaient plus rien devant le beau ciel où nous devions nous retrouver. J'oubliais d'être inquiète pour ma Lucienne; j'oubliais de vous plaindre, mon pauvre Frumence. Je m'en allais! La mort rend égoïste apparemment, car je ne voyais plus que Dieu. Vous ne croyez pas à cela, Frumence, n'importe : ma Lucienne me comprend. Je vous en ai voulu, quand je me suis retrouvée sur mon lit de douleur, de ne m'avoir pas laissé finir ici, dans un si bel endroit et par un si beau soir! Vous n'avez pas voulu laisser partir Jennie, c'était votre droit, puisqu'elle est à vous deux, et à présent je vous en remercie; car, si cette vie ne vaut pas l'autre, elle a du bon tant qu'on est aimé. Vous m'avez soignée comme des anges que vous êtes, et je crois que j'ai été souvent méchante. Je ne me souviens pas bien de ce que j'ai pu vous dire, même en ces derniers temps où j'ai beaucoup parlé, je crois, dans la fièvre. Oubliez-le, ce n'était pas Jennie qui parlait. Un malade n'est pas une personne, ou c'est comme une personne ivre. Rendez-moi tout à fait la vie, parlez-moi de l'avenir. Écoutez, Lucienne, Frumence m'en a déjà dit quelque chose hier et ce matin : s'il ne se trompe pas, nos projets vont être bien changés ; mais il faut qu'il ne se trompe pas et que vous jugiez vous-même.

Frumence revint alors à son idée fixe de justifier Mac-Allan.

— Voyons, me dit-il, supposons qu'il ait eu des relations avec lady Woodcliffe avant son mariage avec le marquis de Valangis, et que ces relations eussent dès lors complétement cessé, le trouveriez-vous bien coupable d'avoir songé, après tant d'années écoulées sur cette faute, à vous offrir son nom ?

— Non, sans doute ; mais ces relations ont recommencé après la mort de mon père ; elles existaient lorsque Mac-Allan s'est chargé de venir ici contester mes droits.

— Et si ces relations n'avaient recommencé que dans des termes parfaitement désintéressés et même froids de la part de Mac-Allan ?

— Cela n'est pas probable, puisqu'il y a deux mois encore il *la* voyait assidûment sous prétexte de plaider ma cause auprès d'elle.

— Ce n'est peut-être pas probable; mais si cela était prouvé?

— Si cela pouvait être prouvé, John en aurait fait le serment.

— Et si John, ne sachant pas la vérité, n'avait pu l'affirmer?

— Encore une invraisemblance! D'ailleurs, ce lien coupable qui a existé autrefois — cela n'est que trop avéré et trop prouvé par le silence de Mac-Allan depuis ma rupture avec lui — me laisserait encore un sentiment de répulsion invincible. Je suis la fille de M. de Valangis! Qu'il ait été outragé avant son mariage ou depuis sa mort, l'outrage rejaillit sur moi, et je le trouve ineffaçable.

— Alors, reprit Frumence en me regardant attentivement, pour que Mac-Allan fût absous, à quarante ans, d'avoir aimé avant de vous connaître, il faudrait que vous ne fussiez en aucune façon la fille du marquis de Valangis.

— Oui, Frumence, voilà ce qu'il faudrait.

— Mais vous ne désirerez jamais que cela soit?

Je baissai la tête et ne pus mentir, bien que le ressentiment ne fût pas encore éteint dans mon âme. Si Mac-Allan eût pu prouver tout ce que supposait Frumence, je l'eusse aimé encore, je le sentais bien.

— Il m'importe assez peu, répondis-je enfin,

d'être ou de n'être pas la fille d'un homme que je n'ai pas connu et qui ne m'a point aimée; mais il m'importe beaucoup de n'être jamais la femme d'un homme qui manque de délicatesse. Je vous en supplie, mes amis, ne me parlez plus de lui, à moins que vous n'ayez les moyens de le disculper entièrement. Je suis en train de me réhabiliter à mes propres yeux de toutes mes erreurs de jugement et de toutes mes prétentions au bonheur idéal. Je suis forte à présent, j'ai véritablement souffert. Depuis deux mois, je n'ai pas vécu un seul moment pour moi-même. Dieu m'a pardonné, j'en suis sûr, car, à l'idée de perdre Jennie et en voyant ses souffrances, j'ai maudit mon orgueil et abjuré toutes mes ambitions. A présent, je suis certaine que nous pouvons vivre heureux tous trois avec le peu qu'elle possède et le peu que je pourrai gagner. Restons donc ici tant que vivra l'abbé Costel. Après cela, si nous n'avons plus rien, nous irons chercher de l'ouvrage ailleurs. La misère ne s'appesantit jamais sur ceux qui se respectent, et je suis certaine qu'avec de l'ordre et de l'activité nous n'en subirons pas les extrêmes conséquences; mais, fallût-il mendier, je ne me plaindrai pas, pourvu que Jennie vive et soit votre femme. Lucienne de Valangis n'existe plus, et vous ne devez plus chercher à la faire revivre; celle qui prend sa place vaut mieux. Ne l'empêchez pas de le prouver.

Ma résolution était si bien prise de ne plus souffrir de rien pour mon propre compte, que mes amis durent me croire. La maladie avait un peu usé les forces d'initiative et de résistance de Jennie, et je profitai de cette disposition pour la décider à laisser publier ses bans la semaine suivante. Comme désormais je ne voulais à aucun prix la quitter, elle comprit enfin que son mariage mettrait fin aux suppositions dont je pouvais avoir encore à souffrir. Six semaines plus tard, l'abbé Costel bénit son union avec Frumence.

Aussitôt qu'elle fut mariée, elle s'ingénia pour trouver de l'ouvrage pour nous deux. Il n'y eut aucun moyen d'utiliser mes talents à domicile. Toulon n'est point une ville littéraire, et, ne connaissant personne à Paris, je ne pouvais espérer de trouver par correspondance un éditeur. M. Barthez l'essaya en vain, et, comme je ne voulus accepter aucun secours, il dut m'offrir des *rôles* à copier. Il était à la fois avoué et avocat, comme cela était toléré encore dans les provinces. J'acceptai avec empressement la tâche qu'il me confiait, et je m'en tirai fort bien. En outre, Jennie ayant pris des dentelles à remettre à neuf, je l'aidai, et à nous deux nous pûmes gagner une cinquantaine de francs par mois. C'était bien assez pour vivre aux Pommets dans des conditions d'hygiène, de propreté et d'indépendance. Le presbytère étant à moitié ruiné, en attendant qu'on pût m'y *redresser* un peu de logement, j'avais pris, dans une maison abandonnée appartenant à Pachouquin, un gîte dont il ne voulut jamais se laisser payer le loyer. Il était aisé, et, comme c'était un très-honnête homme, je ne rougis en aucune façon d'accepter son hospitalité. Tout à coup il me prit en si grande estime, qu'un beau jour il m'offrit son cœur, sa main et ses vingt mille francs de capital. C'était certes un beau parti pour une fille sans nom et sans avoir, et, si le nom de Pachouquin était bizarre, il n'avait rien que d'honorable. Mais le bon paysan veuf avait cinquante ans et ne savait pas lire très-couramment. Je l'aidais à tenir les registres de sa mairie, et je lui persuadai d'épouser une pauvre cousine qu'il avait à Ollioules, et à laquelle il m'avoua avoir souvent songé. C'était une excellente personne qui amena une servante avec elle, et la population des Pommets se trouva ainsi en voie de renouvellement et d'augmentation, car le garde champêtre épousa la servante au bout de trois mois, et la présence de quatre femmes, Jennie et moi comprises, modifia un peu l'aspect morne et désolé du village.

LXXVI

L'année s'acheva ainsi sans que j'eusse aucune nouvelle de Mac-Allan et sans que je permisse à Frumence de jamais m'entretenir de lui. Toute passion s'était apaisée ou endormie en moi, et, quelque rigide que fût mon existence, il est certain pour moi que ce temps fut le plus paisible de ma vie. J'arrivais à trouver que Frumence, avec sa froide philosophie, avait raison, et qu'il n'y a qu'une manière d'être heureux, c'est d'être d'accord avec soi-même et d'arranger son sort en conséquence. Êtes-vous doué d'une ardente personnalité, courez les aventures, osez tout, et ne vous en prenez qu'à vous du mal et du bien qui vous arriveront. Êtes-vous de nature aimante, et connaissez-vous quelqu'un dont les peines vous empêchent de dormir, dont l'ennui vous défende de vous amuser, restez auprès de cet être-là et oubliez-vous tout à fait; car, du moment qu'il vous est plus cher que vous-même, tout ce que vous ferez pour reprendre votre liberté vous enchaînera davantage, ou empoisonnera votre délivrance.

Quand l'orage menaçait de se réveiller dans mon cœur, je le dominais.

— Tu as voulu aimer, me disais-je, c'est que tu étais née pour aimer. Ton éducation chercheuse, tes réactions, tes folles rêveries et tes immenses désirs d'idéal ne t'ont pas fait trouver un autre but. L'ambition mondaine, la richesse, le rang, l'amour du bruit, ne t'ont pas sollicitée, et tu as sacrifié ces choses sans regret. Aime donc, mais aime qui tu dois aimer. Tu te dois à l'affection sans bornes de Jennie, et vouloir lui préférer quelqu'un, c'était un vol que tu méditais.

Ces réflexions étaient courtes et décisives. Je ne permettais plus à mon imagination de répliquer. Je ne connaissais plus les paresses et les angoisses de la contemplation de moi-même. Je ne m'aimais plus qu'à la condition de valoir quelque chose. Je me blâmais de m'être aimée sans conditions si longtemps. J'avais d'ailleurs, et fort heureusement, bien peu d'instants à moi. Je travaillais pour le pain quotidien. Je gagnais mes journées, et, quand le soir arrivait, j'étais contente de moi. Je voyais Jennie tranquille, Frumence heureux, l'abbé Costel gai, et je pouvais me dire que tout cela était mon ouvrage, puisque d'un mot j'avais pu et j'avais failli l'empêcher. Ce pays que j'avais pris en horreur un instant et que j'aurais voulu fuir à tout prix pour m'étourdir dans un milieu nouveau quelconque, il me reprenait tranquillement, et je me laissais faire. Mes connaissances et mes aptitudes eussent pu se développer dans un monde pour lequel j'avais été formée; l'inutilité de fait de toutes ces choses m'avait frappée le jour où j'avais renoncé à la lutte. Elle était bien constatée désormais. La pauvreté, l'isolement, l'abandon, le manque d'avenir, retombaient sur moi sans bruit, sans secousse, comme la pierre inexorable du sépulcre sur un corps enterré vivant.

Situation terrible, et qui eût dû briser une nature à la fois ardente et réfléchie comme la mienne, situation grande et féconde quand même, puisque mon vif sentiment du devoir et de la vie me la fit vouloir énergiquement, au lieu de l'accepter avec une molle résignation. Mon navire avait sombré. Je n'avais pas attendu que la mort montât jusqu'à moi, je m'étais jetée résolûment à la mer, et, prodige de ma vitalité ou bonté suprême du destin, je ne m'étais pas noyée. J'avais trouvé sous le flot un monde nouveau, mystérieux, voilé, où je m'étais si vite habituée à respirer que des organes nouveaux m'étaient venus et que j'y voyais maintenant briller le soleil, plus beau et plus pur peut-être que ne le voient ceux qui vivent à la surface. Oui, oui, cette métaphore me plaisait.

— A vouloir lutter, me disais-je, tu te serais débattue péniblement, inutilement, honteusement peut-être entre deux eaux, sans être ni plèbe ni aristocratie, sans inspirer ni confiance ni amitié solide, éblouissant quelques-uns, effarouchant le plus grand nombre. Tu t'es jetée tout au fond, dans le grand abîme du renoncement, semblable à cette région profonde des mers que les orages n'atteignent pas et où règne la froide et lumineuse splendeur du calme.

C'est qu'en dépit de tout, mes ressources intellectuelles me sauvaient de l'ennui et du dégoût, et que les vrais biens ne sont jamais perdus. J'arrivais, comme Frumence, à me faire un monde intérieur tout rempli de grands noms et de grandes pensées. Une heure de lecture, que je pouvais saisir entre deux longs travaux matériels, me valait mieux que mes anciennes journées d'études et de discussions. J'étais comme le paysan qui fait de grand appétit un bon repas avant de prendre la serpe ou la cognée, et qui sent sa force renouvelée pour une tâche de six heures. Ainsi, je reprenais mon aiguille de dentellière ou ma plume de copiste avec entrain quand j'avais lu posément cinq ou six belles pages dont je vivais le reste du jour. Le soir, nous marchions tous trois au hasard pendant deux heures, causant de tout, de l'univers à propos d'une fourmi, et de l'histoire du genre humain sur la terre à propos d'un enfant qui passait conduisant sa chèvre.

La nuit, plus de veilles débilitantes et de rêves dangereux : un sommeil de plomb! Si quelquefois une bourrasque passait sur les tuiles mal assujetties du presbytère, où l'on avait enfin réussi à me créer un petit logement isolé et assez commode, je m'éveillais avec plaisir pour l'écouter passer. Cette vie simplifiée que j'avais su me faire, me rendait aussi indifférente aux tempêtes du ciel qu'à celles de l'esprit. Que le vent d'est emportât une partie du toit, il ne serait ni long ni coûteux à reconstruire. Tant pis pour les palais quand ils s'écroulent! Que la personnalité sacrifiée vînt encore me mordre un peu le cœur, il ne me faudrait qu'un jour de travail et de fatigue pour la vaincre : tant pis pour les châteaux en Espagne!

Je n'avais jamais été douce. Jennie disait de moi que j'étais généreuse, ce qui n'est pas la même chose. Avec de la tendresse, on me conduisait aisément : le grand mérite! Je voulais bien n'être pas mauvaise, à la condition que les autres fussent parfaits. Dans ma vie nouvelle, j'appris à ne pas regarder mes idées comme infaillibles et mes volontés comme souveraines. En les soumettant à ma raison et à mon dogme du devoir, je m'habituai vite à les modifier et même à les laisser partir comme des oiseaux qu'on chasse d'un arbre et qui ont toute une forêt pour percher aussi bien ailleurs. Bien m'en prit, car Jennie mariée changea un peu, et l'épouse donna plus d'autorité à la mère. Rien ne s'était refroidi pour moi dans son cœur, loin de là : je crois qu'elle se défendait encore d'aimer trop Frumence dans la crainte d'avoir une idée, un projet dont je n'eusse pas la meilleure part; mais sa maladie laissait encore parfois de l'ébranlement dans ses nerfs. Elle avait des moments d'impatience, et, quand elle me reprochait de ne pas prendre pour mon usage la plus jolie pièce de notre pauvre mobilier, ou de ne pas me réserver à table le meilleur morceau, c'était avec une sorte d'emportement. J'eusse regimbé ou boudé autrefois; mais désormais il m'était doux de sentir la volonté de Jennie peser sur la mienne et me remettre à ma place, moi qui avais tant abusé de sa douceur!

Quelquefois Frumence craignait qu'elle ne m'eût fait de la peine en me parlant sur un ton brusque. Je le rassurais.

— Laissez-la faire, lui disais-je. Cela me fait sentir qu'elle est non plus *ma bonne,* mais ma mère. Si elle ne me grondait pas, je ne serais pas de la famille, et je me trouverais à charge.

L'affection de ces deux êtres si bien faits l'un pour l'autre s'établit dès le lendemain de leur union avec autant de calme et de gravité apparente que s'ils eussent été mariés depuis dix ans. Jennie, toujours jolie, embellie même par sa maladie, qui en amincissant sa taille et ses traits lui avait donné l'air plus jeune qu'auparavant, ne laissa percer aucune ivresse contraire à la dignité de son âge véritable, et Frumence, s'il était vivement épris, comme je le crois, cacha si bien ses joies, que je ne me sentis pas de trop un seul instant avec eux. Je leur sus gré de cette noble chasteté qui protégeait le sentiment intime de ma pudeur. Leurs beaux yeux clairs rencontrèrent toujours les miens avec une tendre sérénité, et jamais je ne les vis surpris ou troublés à mon approche. J'étais vraiment bénie, et l'époux de Jennie, au lieu de se mettre entre elle et moi, semblait avoir apporté dans nos relations quelque chose de plus complet, l'éternelle sécurité.

La seule chose qui tourmentât Jennie, c'était le désir d'améliorer rapidement notre sort commun, le mien surtout, car elle ne s'habituait pas à l'idée de me voir ouvrière. Si je l'eusse écoutée, je me serais croisé les bras pendant qu'elle travaillait, et j'eusse consenti à ce qu'elle dépensât ses économies pour me procurer une meilleure habitation et une toilette plus élégante. Sur ce point, je lui résistai énergiquement, et, quand elle vit que je me trouvais heureuse de vivre comme elle, de me servir moi-même et de travailler de mes mains, elle se calma peu à peu.

Je dois dire que les habitants du pays nous aidèrent beaucoup par leur obligeance à nous préserver de la gêne. Non-seulement nos voisins nous aimaient, et madame Pachouquin, qui était une personne excellente, nous comblait de soins et de petits présents, mais encore les paysans de toute la vallée et les ouvriers de Toulon, que nous avions fait souvent travailler à Bellombre, protestèrent par leur attachement contre les calomnies répandues contre nous. Le dimanche, nous recevions les visites de ces braves gens, et, en voyant que j'étais gaie, sans regrets du bien-être et laborieuse avec plaisir, ils conçurent pour moi une estime qui alla bientôt jusqu'à l'engouement. Les Méridionaux ne font rien à demi. Leur blâme tourne aisément à l'outrage, mais aussi leur sympathie passe vite à l'enthousiasme. J'étais toujours pour eux *la demoiselle,* et, comme je les priais de ne plus me donner le nom de Valangis pour ne pas m'attirer de querelles avec le grand monde, ils s'obstinaient à m'appeler la demoiselle de Bellombre. Ainsi, lady Woodcliffe, dût-elle réussir à faire relever le marquisat au profit de son fils, ne pouvait me déposséder de ma populaire seigneurie.

Mais ce qui valut encore mieux que cette sorte de réhabilitation nobiliaire, c'est que la bonne opinion du peuple sur mon compte s'imposa insensiblement à toutes les classes, ainsi qu'il arrive toujours en pareille occurrence. Il n'est guère de calomnie qui prévale contre ces mots : *aimé des pauvres !* Les plus fières notabilités sont jalouses de l'amour des petits, et, quand elles ne l'inspirent pas spontanément, elles tâchent de l'obtenir par des bienfaits. Moi, je ne pouvais rien acheter, on m'aimait gratuitement. On respectait Jennie que l'on voyait passer le dimanche, allant seule à la ville pour chercher et reporter notre ouvrage, tandis que, loin d'exploiter l'intérêt de ma situation, je faisais le ménage en son absence, et ne me montrais qu'à ceux qui venaient me voir. Bientôt les bourgeois vinrent pour m'offrir leurs services, et les nobles aussi, M. de Malaval en tête, pour m'engager à accepter leur protection. Je refusai que ceux-ci intervinssent entre mes ennemis et moi, et leur protestation contre l'inimitié dont j'étais victime n'en fut que plus vive. Quand ma déchéance sociale fut proclamée à Toulon par un jugement rendu à la requête de ma belle-mère et facilitée par mon refus de combattre, il y eut un cri de réprobation contre cette riche famille qui me dépouillait si cruellement, afin d'avoir le droit de m'offrir à titre d'aumône des moyens d'existence que je ne voulais ni ne pouvais accepter. On rendit pleine et entière justice à ma fierté, et il fut question dans le peuple de me porter en triomphe et de mettre le feu à certain moulin. Nous réussîmes à calmer les esprits; mais la cabale suscitée contre moi n'eut plus le moindre succès à espérer, et madame Capeforte, réduite au silence, chassée de plusieurs maisons recommandables, prit le parti de nier son animosité et de dire hypocritement qu'elle avait été trompée sur mon compte. Elle essaya de se réconcilier avec moi et me fit des avances auxquelles je ne répondis pas. Alors, elle me dépêcha Galathée, que j'accueillis sans rancune, mais avec réserve, en ne lui permettant pas de me parler d'autre chose que de la pluie et du beau temps.

Les gens de Bellombre, le bon Michel en tête, venaient aussi me voir souvent, et, si j'eusse voulu les croire, ils m'eussent apporté toutes les fleurs et tous les fruits du domaine. J'eus beaucoup de peine à leur faire comprendre que je n'avais plus droit à rien, pas même à une rose de notre jardin. C'étaient alors des pleurs et des exclamations qui parfois m'ennuyaient un peu, je l'avoue. Je ne me trouvais pas si déplorable que cela. J'avais conquis un trésor de philosophie que ces bonnes gens ne savaient pas apprécier.

LXXVII

Que devenait Marius? Il n'osait venir me voir, bien que Galathée m'eût insinué dans sa visite qu'il avait l'intention de m'en rendre une, si je l'y encourageais. Je n'avais pas répondu : je ne trouvais pas que Marius dût se servir d'un intermédiaire auprès de moi, et surtout d'un intermédiaire comme mademoiselle Capeforte. J'étais depuis quinze mois aux Pommets quand je reçus de lui cette étrange lettre :

« Lucienne, j'ai perdu mon emploi, et c'est un peu toi qui en es cause. Si tu n'avais pas laissé mon opinion et celle des autres s'égarer sur ton compte dans un temps où j'aurais pu réparer les torts que tu m'attribuais, je n'aurais pas été enveloppé dans ta disgrâce et traité d'ingrat pour ne t'avoir pas épousée. Rappelle-toi que c'est toi qui n'as pas voulu de moi ; mais j'ai beau le dire, personne ne veut le croire, et j'ai reçu des affronts qui m'ont forcé d'avoir plusieurs affaires. Il en est résulté qu'on me croit duelliste et mauvaise tête, et que j'ai perdu l'appui de mes protecteurs. Me voilà sans ressources, car je n'ai pas pu faire d'économies. La position qu'on m'avait donnée m'entraînait à des dépenses pour paraître décemment dans le monde, et je n'ai rien pu mettre de côté. Que veux-tu que je devienne dans de telles circonstances? Je ne peux pas exercer un métier, ta grand'mère ne m'en a pas fait apprendre, et elle a eu tort, puisqu'elle ne songeait pas à me faire un legs. Je ne peux donc pas t'offrir d'être ton soutien, je ne sais pas me soutenir moi-même.

« Dans cette extrémité, et ne pouvant descendre aux horreurs et aux avanies de la misère, j'ai été contraint ou de me jeter à l'eau ou d'accepter la main d'une personne que je n'aime certainement pas d'amour et que j'aurai bien de la peine à prendre au sérieux. Tu devines de qui il s'agit. Elle a essayé de te parler de moi, elle voulait te faire cette confidence; mais tu as détourné la tête avec mépris et la conversation avec empressement. Tu me dédaignes bien, Lucienne, et tu me hais peut-être... Cette pensée m'est insupportable. Écris-moi un mot, dis-moi que tu me pardonnes, ou que tu m'oublies; car, sans cela, je suis capable de reprendre la parole que m'a arrachée le docteur

Reppe, et d'aller m'engager comme soldat au service de l'Espagne ou de l'Autriche en cachant un nom que je ne dois pas dégrader. »

« Mon cher Marius, lui répondis-je, si vous étiez soldat au service de la France, votre nom ne serait pas dégradé selon moi ; mais nous avons des idées très-différentes là-dessus, et ce que je vous dirais serait fort inutile. Si vous ne pouvez échapper aux avanies et aux horreurs de la misère lâche et paresseuse, faites un riche mariage ; mais tâchez d'avoir au moins de l'amitié et de l'estime pour votre femme. C'est à vous de la rendre telle que vous puissiez la prendre au sérieux. Que ce soit donc là le but de tous vos efforts. Je vous promets d'y aider autant qu'il me sera possible en parlant d'elle avec tout le ménagement que mérite du moins jusqu'ici la douceur de son caractère. Vous voyez, d'après cette promesse et d'après ce conseil, que je n'ai aucun ressentiment contre vous, et que je m'intéresse toujours à votre bonheur. »

Quelques jours après, on publia les bans de Marius avec mademoiselle Capeforte, et celle-ci m'écrivit :

« Ma bonne Lucienne, je sais que tu as le cœur généreux et que tu as donné de bons conseils à

Marius. Je viens donc te dire une nouvelle qui te fera plaisir. Ta belle-mère n'a pas réussi à faire avec Bellombre un marquisat pour son fils; on la dit même dégoûtée de cette idée-là, parce qu'elle va se marier en troisièmes noces avec un vieux lord anglais qui repasse sa pairie sur la tête du jeune homme. Alors, on dit que Bellombre va être vendu, et je ne te cache pas que l'ambition de maman et du docteur, c'est de l'acheter pour Marius et pour moi. Si ça réussit, comme je l'espère, je t'offrirai un logement chez nous et la nourriture. Je compte que tu ne voudras pas me faire de la peine en me refusant.

« Ton amie pour la vie,

« GALATHÉE. »

Ainsi, madame Capeforte, bien que honnie et bafouée, en était venue à ses fins. Elle m'avait dépossédée, calomniée, chassée ; elle avait réalisé son rêve de marier sa fille à un gentilhomme, et ce gentilhomme, c'était Marius!

Elle m'avait pris mon nom, mon fiancé, ma fortune, elle allait me prendre ma maison, et vieillir tranquillement sur le fauteuil où j'avais vu expirer ma grand'mère!

— Non! me dit Frumence, à qui je faisais part de mes réflexions; le fauteuil du moins est sauvé.

Il est chez Pachouquin, bien caché et bien soigné. 'attendais le jour de votre fête pour le placer dans votre chambre.

— Et comment donc avez-vous fait, Frumence? Était-il déjà en vente?

— Non, et, ne pouvant l'acheter, je l'ai volé.

— Vous, Frumence?

— Oui, pour vous, Lucienne! J'ai bien examiné ce respectable meuble, je l'ai mesuré, dessiné, et avec l'aide de Michel, qui est un peu tapissier, j'en ai fabriqué un tout pareil que j'ai mis à la place. Nous avons fait le coup durant la nuit, avec mystère, comme deux malfaiteurs, et pourtant très-satisfaits de nous-mêmes. J'aurais bien voulu emporter aussi le pittospore; mais j'ai, dans un coin banal et presque inconnu de la montagne, un de ses enfants qui vient à merveille, et que nous devions planter devant votre fenêtre un de ces matins. J'ai volé aussi votre premier berceau pour Jennie; j'ai même ramassé dans la cour du château les morceaux de la *princesse Pagode,* et je les ai recollés. Ils sèchent dans mon atelier.

— Bien, mon bon Frumence! Marius l'eût certainement recassée, s'il l'eût retrouvée à Bellombre. Me voilà recéleuse; mais, comme vous, je suis sans remords. A présent nous pouvons rire de l'engageante promesse qui m'est faite. Me voyez-vous d'ici logée et *nourrie* par la future madame Galathée de Valangis! Mais je lui dois de la reconnaissance, car, si quelque chose pouvait me rendre fière d'avoir perdu mon nom, c'était de le voir ramassé par elle.

— Soyez bonne jusqu'au bout, reprit Frumence, remerciez-la de ses offres sans raillerie et sans amertume : sa mère y verrait du dépit!

C'était bien ce que je comptais faire, et c'est ce que je fis; mais je n'en avais pas fini avec les misérables agitations de Marius. La veille de son mariage, il m'écrivit encore :

« Lucienne, c'est demain! Plains-moi. Cette épreuve est tellement dure, qu'elle est peut-être au-dessus de mes forces. Jurer amour et fidélité à cette pauvre créature ridicule et à moitié idiote! entrer dans cette famille abjecte, m'entendre appeler *mon fils* par cette intrigante! cela me rappellera le jour où ta grand'mère m'appela ainsi quand elle mit ta main dans la mienne. Ce jour-là, nous nous aimions, Lucienne! Pour toi, c'était de l'amitié; mais moi, j'avais beau m'en défendre pour ne pas t'effaroucher, j'étais amoureux de toi. Ne ris pas, il faut payer ce tribut une fois en sa vie. Je l'ai payé, et je sens que je n'aimerai plus jamais personne. J'ai mal aimé, c'est vrai, mais les autres t'aimeront-ils mieux, et Mac-Allan ne t'a-t-il pas abandonnée, lui aussi? Écoute, Lucienne, j'ai la tête troublée. Cette situation est trop cruelle pour moi. Tu as consenti à assister à mon mariage, tu ne veux pas paraître à la fête, mais tu as promis à Galathée d'être à la municipalité. Peut-être ne comptais-tu pas tenir parole. Eh bien, sauve-moi, viens! Si je te vois là, je romps tout, je dis non, je déclare que c'est toi que j'aime, je te venge de tous tes ennemis, je t'épouse! Après cela, inutile au monde et avili par la misère, je me brûle la cervelle; mais je te laisse un nom que personne ne pourra te contester, je répare mes torts et je meurs content. Viens, Lucienne! L'espoir que tu viendras me donnera la force de me traîner jusqu'à la mairie. »

On pense bien que je n'y allai pas, quoique j'eusse d'abord résolu de donner cette preuve d'oubli et de pardon. Marius ne fit point d'esclandre, il alla à la mairie et à l'église. Le lendemain, il m'envoya un exprès pour me redemander ses lettres, que je lui renvoyai. Grâce à une coïncidence vraiment burlesque, le même exprès me remit un billet mystérieux de Galathée par lequel elle me réclamait les *folles confidences* qu'elle m'avait écrites à Sospello au sujet de son *inclination in-*

considérée pour Frumence. Heureusement, John, au moment de mon départ, m'avait remis ces lettres que je n'avais pas voulu lire, et je pus les renvoyer toutes cachetées, recommandant bien au garçon meunier chargé de cette mission délicate de ne pas se tromper de paquet en les remettant aux deux époux séparément.

LXXVIII

Plusieurs mois s'écoulèrent encore sans apporter de changement à ma situation d'esprit et de fortune. Je n'étais point à plaindre, nous vivions dignement, simplement. Nous amassions pour l'avenir, sou par sou pour ainsi dire, de quoi nous mettre à l'abri d'une maladie, d'un sinistre, d'un chômage quelconque. Jennie rêvait toujours de sortir un jour des Pommets pour me trouver un milieu plus civilisé et pour s'utiliser davantage ; mais l'abbé Costel se portait bien. Ce digne homme était si bon, si facile à vivre et si heureux de vivre avec nous autour de lui, qu'en somme nous n'aspirions qu'à le conserver longtemps.

Les pourparlers du docteur Reppe avec M. Barthez, chargé de la vente de Bellombre, n'aboutissaient pas. M. Barthez disait ne pouvoir prendre aucun parti avant que lady Woodcliffe eût convolé en troisièmes noces et assuré la pairie de son futur époux à son fils aîné. Telles étaient les instructions communiquées par Mac-Allan au nom de sa cliente.

Mac-Allan n'aimait donc pas lady Woodcliffe, et il n'y avait plus aucun lien entre eux, puisqu'elle contractait un nouveau mariage? Ainsi parlait ingénument Jennie.

— C'est-à-dire, répondait Frumence, qu'il n'y a jamais eu entre eux aucun lien sérieux, puisqu'ils n'ont jamais songé à se marier ensemble.

J'écoutais leurs commentaires, et je n'y mêlais pas les miens. Je n'avais plus de ressentiment contre l'amant de lady Woodcliffe. Il avait accepté mon arrêt, il n'avait pas cherché à me tromper. Ce Lovelace qu'on disait si dangereux, si persévérant, si habile à persuader, avait été vaincu par ma droiture. Son silence était la seule réparation qu'il pût m'offrir, le seul hommage qu'il pût rendre à mon caractère, et c'était quelque chose à mes yeux que de l'avoir compris. Mac-Allan était donc, selon moi, un homme léger et non un misérable, car il eût pu entreprendre de me perdre, et il ne l'avait point osé; de me compromettre, et il s'en était abstenu. J'avais cette consolation qu'au moins il n'avait pas cessé de voir en moi quelqu'un de plus sérieux que les objets de ses anciennes passions. Je voulais oublier tout le reste et je lui pardonnais, à la condition qu'il continuerait à être mort pour moi.

Il y avait des moments où je regrettais mes illusions, d'autres moments où, sans y trop songer, je pleurais à la dérobée, sans savoir pourquoi; enfin des moments où mon cœur, mort dans ma poitrine, me paraissait aussi lourd à porter qu'une pierre. N'importe, je vivais, j'agissais, je souriais toujours, je travaillais sans relâche.

Un soir, Jennie, qui avait été à la ville, me dit en rentrant :

— Savez-vous un bruit qui court le pays? Lady Woodcliffe serait morte avant le mariage projeté. Son fils ne serait donc ni duc, ni pair, ni Woodcliffe, ni lord, ni marquis. Il serait Édouard de Valangis, immensément riche, mais simple gentilhomme de Provence.

— Eh bien, Jennie, voilà de grands projets déjoués par l'événement, comme tous les projets de ce monde. On se donne beaucoup de peine, et on ne fait pas même un peu de mal. Cette pauvre femme s'est usée dans ses ambitions et dans ses aversions, et elle n'a pas seulement réussi à me rendre malheureuse. Que Dieu lui donne la paix! elle doit en avoir besoin.

M. Barthez, qui s'était toujours montré parfait pour moi ainsi que sa femme, vint me voir quelques jours après et me confirma les nouvelles recueillies par Jennie. Ma belle-mère était morte, et son fils, récemment émancipé, consentait à la vente de Bellombre.

— Ainsi, lui dis-je, Marius va l'acquérir?

— J'en doute, reprit M. Barthez; il y aura forte concurrence, et le père Reppe fouillera en vain son coffre-fort. Il n'a pas encore tué assez de malades pour enchérir sur la mise à prix qu'un de mes clients me charge d'établir.

— Quel est donc ce client, monsieur Barthez?

— C'est quelqu'un qui n'aime pas madame Capeforte apparemment!

Je craignis d'avoir fait une question indiscrète à l'homme d'affaires, et je n'insistai pas.

Huit jours plus tard, Jennie et Frumence ayant été à Lavalette ensemble pour quelques emplettes de ménage, et l'heure à laquelle ils devaient rentrer approchant, je me hâtai de finir ma tâche afin d'aller au-devant d'eux, ainsi qu'ils me l'avaient fait promettre.

Il fallait passer par Bellombre, chose que je ne redoutais plus, l'idée de renoncement étant devenue pour moi affaire d'habitude. C'était une belle journée d'hiver; on ne connaît guère que par ouï-dire la neige et la gelée dans notre climat. Le mois de décembre est encore chaud, et certaines soirées sont en cette saison plus douces que les jours d'été après l'orage. C'est l'époque du calme et du silence. La nature semble se recueillir avant d'entrer dans le sommeil et sourire encore un peu avant de suspendre l'effort de sa germination. Je marchais vite ; il faisait encore jour quand je passai la Dardenne, et je ne m'inquiétais pas de l'approche de la nuit dans une région où tous les paysans étaient mes amis dévoués.

Pourtant je fus un peu surprise et inquiète de l'attention que m'accorda un passant inconnu avec lequel je me croisai dans le sentier. Ce n'était pas un p ssant ordinaire, un meunier menant boire son mulet, ou un journalier rapportant ses outils sur l'épaule : c'était un jeune homme à cheval, en élégante tenue de campagne. Dès qu'il me vit, soit hasard, soit intention de me voir de plus près, il mit pied à terre, et son cheval le suivit. Au moment où nous nous croisions, il me salua après avoir ralenti le pas, mais sans trop me faire place sur le sentier, comme s'il eût eu l'intention de m'aborder. Je lui cédai donc le pas en continuant à marcher vite et en lui rendant légèrement son salut sans le regarder. J'entendis qu'il restait arrêté derrière moi, et je marchai plus vite encore jusqu'au cheval, qui s'était laissé distraire à brouter sans le suivre aussi consciencieusement que Zani me suivait autrefois, lorsque je lui mettais la bride sur le cou. Quelle fut ma surprise quand cet animal releva la tête, me regarda avec des yeux expressifs, et vint à moi avec un léger hennissement de plaisir! C'était Zani lui-même, Zani un peu bien vieux pour porter un si jeune cavalier, mais bien tenu, bien soigné, et couvert d'un joli filet contre les mouches, qui m'avait empêché de le reconnaître tout de suite.

Je ne pus me défendre de m'arrêter un instant pour le caresser et de me retourner pour regarder celui à qui il appartenait. Je vis le jeune homme revenir sur ses pas, et je me hâtai de passer outre ; mais Zani ne l'entendait pas ainsi : il me suivait, et je pensai que, si je me mettais à courir, il prendrait le trot; je l'y avais si bien habitué! J'aurais l'air de me faire poursuivre par ce garçon qui me paraissait plus jeune que moi de quelques années, et cette pruderie eût été ridicule. Je m'arrêtai pour qu'il pût rattraper Zani, qui commençait à gambader à mes côtés d'un air d'indépendance. Ce devint un air de révolte quand il sentit approcher son nouveau maître; il bondit avec une vieille grâce encore agile, et fit une pointe dans la prairie, comme pour me débarrasser de toute responsabilité.

Je pensais qu'en effet le jeune homme allait courir après lui. Il n'en fit rien, et, m'abordant avec résolution :

— Mademoiselle de Valangis, me dit-il, vous avez bien voulu reconnaître votre cheval; mais moi, vous ne me connaissez pas, et pourtant j'ai plus de droits que lui à votre affection. Ne me refusez donc pas de m'embrasser, car j'étais en route pour aller vous demander cette faveur.

Un si étrange discours me cloua sur place; mais, comme il était contre toute vraisemblance que ce fût une déclaration d'amour, je fus plus surprise qu'effrayée. L'air ingénu et respectueux de l'enfant offrait un contraste risible avec l'audace de ses paroles. Sa jolie figure d'un ton éclatant, sa blonde chevelure, son accent anglais, sa taille élégante, son âge, sa présence avec Zani si près de Bellombre, ces droits qu'il réclamait à mon affection, ce baiser fraternel si naïvement demandé... Je me mis à trembler de tous mes membres. Vous êtes Édouard de Valangis! m'écriai-je en anglais; le fils aîné de lady Woodcliffe!

— Oui, répondit-il, je suis le fils de votre père, et je veux être un frère pour vous. Ne me dites pas non, Lucienne, vous me feriez un chagrin mortel !

LXXIX

Je lui tendis la main.

— Je vois, lui dis-je, que vous avez l'esprit romanesque et le cœur généreux, mais je ne puis vous traiter en frère. J'ignore qui je suis, vous le savez bien. Je chéris le souvenir d'une vieille dame qui m'a élevée, se persuadant que je lui appartenais. Il a été démontré que cela était impossible à prouver. Je me suis résignée à ne pas le tenter. Vous voyez que je n'ai pas le droit d'accepter votre amitié ; je n'en suis pas moins touchée de ce bon mouvement, et je vous en remercie. Bonsoir, monsieur. Voulez-vous que je rappelle le cheval et que je le remette soumis entre vos mains ? Autrefois, il n'obéissait ainsi qu'à moi.

— Laissez le cheval rentrer à son ancien gîte, et laissez-moi vous parler ; acceptez mon bras.

— Non, c'est impossible, je ne peux rien accepter de vous.

— Oh ! s'écria le jeune Anglais avec un accent

de reproche et de chagrin, ceci est cruel : vous ne voulez rien pardonner! Ma mère est morte pourtant, et ce n'était pas le moment de me rappeler le mal qu'elle vous a fait.

Je lui jurai que je pardonnais et que j'oubliais tout, mais que je voulais garder la situation que j'avais jugé à propos de me faire.

— Oui, je sais cela, reprit-il. Je sais tout ce qui vous concerne, et il y a bien peu de temps que je le sais! Sans cela, vous auriez connu plus tôt mes sentiments. Je vous aurais écrit; mais c'est depuis la mort de ma mère que pour la première fois j'ai entendu parler de vous d'une manière sérieuse, et mon premier soin a été de vouloir racheter Valangis que j'avais laissé vendre. Je suis venu ici pour cela, afin de pouvoir vous restituer l'héritage de notre grand'mère, car il est vôtre, avec ou sans preuve légale de votre naissance. Comme aîné de la famille, j'ai le droit de décider que je vous tiens pour ma sœur, que je ne vous contesterai jamais votre nom, et qu'il me suffit de l'attestation de ma grand'mère, de l'éducation qu'elle vous a donnée, des volontés qu'elle a laissées écrites, et de l'amour qu'elle vous portait pour être certain que tout cela vous était légitimement acquis. Ma mère a été trompée. Permettez-moi de ne pas l'accuser. Elle a cru devoir tout sacrifier à son ambition pour moi ; mais je n'ai pas d'ambition, et je suis riche au delà de mes besoins et de mes goûts. On a voulu m'élever dans des idées qui ne sont pas les miennes. Je suis peu soucieux des grandeurs et des titres. Je ne suis pas lord Woodcliffe, malgré les efforts de ma mère pour me rattacher à la famille de son premier mari ; je ne suis pas le marquis de Valangis, puisque mon père n'était pas titré ; je ne suis pas Anglais, puisque mon père et sa famille appartenaient à la France. Je veux me marier selon mon cœur, avec une jeune personne française que j'aime depuis longtemps... Ne souriez pas, Lucienne, j'ai vingt ans, et j'aime la gouvernante de mes sœurs depuis mon enfance. Elle a maintenant votre âge, je n'aimerai jamais une autre femme. A présent vous me connaissez. Ayez donc confiance en moi et ne détruisez pas le beau rêve qui m'amène ici.

Il m'était impossible de n'être pas vivement touchée des sentiments de mon frère. Il était charmant, il s'exprimait avec candeur, et il offrait l'assemblage séduisant d'une extrême distinction et d'une bonhomie parfaite. Mon cœur s'élançait maternellement vers lui, mais je m'étais dit tant de fois que j'étais peut-être la fille d'un bohémien ! Je me défendais donc de toute illusion, voyant bien qu'Édouard de Valangis s'abandonnait à un élan romanesque digne de son âge, sans en avoir plus long que moi sur mon compte.

J'allais, malgré ses instances, me décider à le quitter, en lui permettant toutefois de venir me voir aux Pommets, lorsque Jennie et Frumence parurent sur le haut du sentier.

— Voici ma famille, dis-je à Édouard. Je n'en ai pas d'autre, et c'est d'elle seule que je puis accepter mes moyens d'existence. Soyez bien sûr que mes droits à votre générosité ne seront jamais prouvés, et comprenez bien qu'il m'est impossible de recevoir vos dons sans abjurer mon indépendance et ma tranquillité dans l'avenir. Il se trouvera toujours dans le public et autour de vous des gens qui douteront de mon état civil et de la maturité de votre jugement dans la question. Je redeviendrai à leurs yeux une aventurière, après tous mes efforts pour conquérir la situation d'une personne digne et désintéressée. Cette réputation-là, mon cher enfant, vaut bien une seigneurie, et j'y tiens beaucoup plus qu'aux douceurs de la fortune, dont j'ai si bien appris à me passer. Laissez-moi donc vous donner gratuitement mon amitié, mes conseils si vous en avez jamais besoin, et ma reconnaissance, qui est acquise déjà à vos bonnes intentions.

— Vous ne voulez pas penser à une chose, Lucienne, reprit vivement Édouard : c'est que la position qui vous a été faite est une honte pour moi, et qu'il y va de mon honneur de tout réparer.

Cette réflexion m'ébranla, et, comme Frumence et Jennie étaient près de nous, j'offris de m'en rapporter à eux.

— En ce cas, ma cause est gagnée, répondit Édouard, car j'ai causé avec eux; ils me connaissent maintenant et ils ont confiance en moi.

En effet, il les aborda comme des gens avec qui on est déjà très-lié et que l'on a quittés depuis une heure. Il les avait arrêtés au passage, il les avait gardés à Bellombre une partie de la journée pour leur donner des explications, et, sachant que j'allais au-devant d'eux, il les avait devancés pour venir à ma rencontre.

— Vous vous entendrez ce soir, dit Jennie en nous forçant à nous embrasser, Édouard et moi; car nous allons tous retourner à Bellombre pour causer. Allez nous y attendre avec mon mari, monsieur Édouard : il faut que je me repose un peu ici avec Lucienne, j'ai à lui parler.

Les deux hommes s'éloignèrent, et Jennie me fit asseoir sur une roche auprès d'elle.

— Écoutez! me dit-elle. Voilà que je sais bien des choses, car voilà deux ans et plus que M. Mac-Allan travaille à découvrir la vérité. Il la tient enfin, et il me l'a écrite aujourd'hui. C'est pourquoi j'ai écouté sérieusement tout ce que m'a dit tantôt cet enfant d'Édouard qui est un digne enfant, je vous en réponds, mais qui ne peut et ne doit rien savoir...

— Voyons la lettre de Mac-Allan, Jennie, tu me tournes la tête avec tes préambules!

— Si je vous montrais sa lettre, vous ne pourriez pas la lire, il fait trop nuit; mais je vous en dirai le contenu, et il y faut encore une préface, ne vous en déplaise. C'est bien grave, Lucienne, ce que j'ai à vous apprendre, et je me suis demandé cinquante fois aujourd'hui si je vous l'apprendrais. Frumence a décidé qu'il fallait vous éclairer. C'est un secret qui mourra entre nous trois et Mac-Allan, et il ne faut pas qu'un scrupule de conscience empêche votre existence entière. Une faute est une faute, il y en a que les enfants des coupables n'ont jamais le droit de juger et qu'ils ont peut-être le devoir d'expier; mais c'est aussi le devoir des parents adoptifs d'empêcher l'expiation d'être éternelle, car ce serait injuste, et Dieu n'en demande pas tant.

— Je ne te comprends pas, Jennie, m'écriai-je, et tu m'effrayes! Que parles-tu de faute et d'expiation? Dois-je rougir de ma naissance?

— On ne doit rougir, répondit-elle en prenant mes mains, que du tort qu'on s'est fait à soi-même, et une mère est toujours une mère.

— Je comprends! La mienne...

— La vôtre était une douce femme, très-sincère, belle et bonne. Elle a eu un jour d'égarement, de surprise, de malheur. Elle a tout avoué à son mari, et le chagrin l'a tuée. Vous lui pardonnez, n'est-ce pas?

— Oh! oui, Jennie! Je l'aimerais quand même, si elle vivait, et je voudrais la consoler. Parle-moi d'elle.

— J'ai parlé.

— Mais qui était-elle?

— La première femme du soi-disant marquis de Valangis.

— Ah! ma grand'mère...

— N'était pas votre grand'mère par le fait; mais, devant la loi, vous êtes quand même mademoiselle de Valangis, et il faut qu'Édouard se croie votre frère. Vous avez le droit de porter son nom.

— Mais ce sera au prix d'un mensonge!

— Vous devez le secret à votre mère. M. de Valangis l'a gardé, car son honneur aussi l'exigeait.

— Mais qui donc m'a enlevée?

— Vous ne le devinez pas?

— Non, dis-le donc! C'était...?

— C'était lui, le marquis, le mari offensé et vindicatif. Il voulait éloigner et faire disparaître un enfant qu'il savait n'être pas le sien. J'ignore comment il a connu Anseaume, mais on pense que votre nourrice s'est prêtée à l'enlèvement et qu'il y avait bien du remords dans sa folie. Anseaume a reçu de l'argent pour cela. Mac-Allan en a trouvé les preuves dans les papiers secrets de la famille. Il y a une lettre où ce malheureux en demande davantage pour passer en Amérique, disant que sa femme élève l'enfant, qu'elle ne saura jamais rien et qu'il a bien rempli sa mission. Voilà cette ténébreuse affaire; mais nous ne pouvons nous servir des pièces, car le marquis y a joint la confession arrachée à votre mère : voilà pourquoi il n'a jamais voulu vous reconnaître ni revenir en France. Restez donc sous le coup du jugement qui vous prive d'état civil, mais acceptez de reprendre votre nom, puisque, pour son honneur, Édouard de Valangis, qui ne sait pas la vérité, vous supplie de le faire.

— Ah! Jennie, voilà une triste histoire! Pourquoi me l'as-tu racontée?

— Pour que vous sachiez bien que, si Mac-Allan a été autrefois l'amant de lady Woodcliffe, cela ne vous regarde pas.

— Que m'importe le frivole Mac-Allan au milieu de pensées si graves et si noires? C'est en apprenant ma disparition que ma pauvre mère est morte, n'est-ce pas?

— Oui, et votre enlèvement vous prouve qu'elle n'avait pas attendu la mort pour se repentir et se confesser à son mari. Certes la manière dont il en a usé envers vous ne prouve pas qu'elle ait été récompensée de ses aveux; mais le repentir y était, et une âme brisée retourne à Dieu après l'expiation. Aimez et respectez votre mère, Lucienne; elle est au ciel quand même.

Cette admirable Jennie savait dire simplement les choses qui pénètrent l'âme et qui la relèvent. Je baisai ses mains.

— A présent, lui dis-je, il faut tout m'apprendre, j'y suis préparée. Qui était mon père?

— Un Espagnol de grande naissance, très-beau, très-séduisant, très-magnifique. Voilà tout ce que l'on sait. M. Mac-Allan dit qu'il croit deviner, mais que, n'ayant pas de certitude absolue, il doit s'abstenir de le nommer. Ce personnage serait mort il y a longtemps, vous n'avez pas à vous en occuper l'esprit. A présent retournons à Bellombre, nous avons encore là quelque chose à vous dire.

LXXX

Je me laissai emmener par Jennie sans trop savoir ce que je faisais, car j'étais bouleversée, et je croyais marcher dans un rêve. Je ne pouvais plus parler, et les détails que Jennie ajoutait aux explications données frappaient vaguement mon oreille sans avoir un sens bien net pour mon esprit. Je sentais venir une destinée nouvelle, et je ne la comprenais pas encore, car une ombre douloureuse planait sur l'avenir et sur le passé. Cette chimère s'empara tellement de mon imagination, qu'au moment d'entrer à Bellombre je m'arrêtai effrayée.

— Je t'assure, dis-je à Jennie, que je crois voir le fantôme de ma pauvre mère qui me défend d'entrer dans la maison de son mari.

— Où la voyez-vous? dit Jennie sans se troubler.

— Là, devant cette grille, répondis-je éperdue et comme hallucinée.

— Eh bien, vous vous trompez, reprit Jennie en me montrant le ciel; regardez cette belle étoile blanche qui brille au-dessus du toit : c'est votre mère qui sourit, parce qu'elle se sent pardonnée en vous voyant heureuse.

Jennie me tenait sous le charme de sa poésie naïve. Je franchis le seuil, j'entrai sous l'ombre épaisse des grands pins qui enveloppaient la maison. La lune n'éclairait pas, les arbres avaient grandi encore; si je n'eusse connu le chemin, je me serais heurtée contre eux pour arriver jusqu'à la terrasse. Tout à coup, dans cette obscurité profonde, deux mains saisirent les miennes, deux mains petites et douces; ce n'était donc pas celles de Frumence, mais ce n'était pas non plus celles d'une femme. Ce devait être celles d'Édouard... Mais pourquoi tremblaient-elles? Une poitrine oppressée contenait mal une respiration mystérieuse. Je me sentis enveloppée de je ne sais quelles brûlantes émanations. Le sang bourdonna dans mes oreilles je ne sais quelles paroles incompréhensibles. Je crus que j'allais m'évanouir, et cependant personne n'avait parlé. Édouard parut, apportant une lumière. C'etait bien *lui*, c'était Mac-Allan qui tenait mes mains dans les siennes.

— Ma chère sœur, me dit Édouard quand nous fûmes entrés dans le salon, ne retirez pas vos mains de ces mains loyales. Sans doute vous me saviez lié avec Mac-Allan, mais j'ai à vous le présenter comme mon meilleur ami. Je l'ai connu il y a trois ans, après la mort de mon père. Il ne me parla pas de vous alors, je ne pouvais rien pour vous, j'étais un enfant : il crut ne devoir pas me mettre en lutte avec ma mère ; mais, aussitôt que j'ai été libre, c'est lui le premier qui m'a dit : « Vous avez une sœur digne de respect et de tendresse. On l'a méconnue et froissée ; peut-être ne voudra-t-elle rien accepter de vous. Laissez-moi vous racheter son patrimoine. Peut-être l'acceptera-t-elle de nous deux, car moi aussi, j'ai été méconnu par elle ; mais j'ai la certitude de reconquérir son estime et sa confiance. » Nous sommes donc venus ensemble ici, et nous allons vous supplier à genoux d'y rester, s'il vous faut une réparation du tort qu'on vous a fait, et contre lequel nous protestons l'un et l'autre.

Édouard me parlait avec tant de sincérité et une amitié si touchante, que je ne sus le remercier que par mes larmes. Jennie le prit à part, et au bout d'un instant je me trouvai seule avec Mac-Allan. On voulait une prompte explication entre nous. Je me sentis embarrassée ; il me semblait maintenant que j'étais coupable envers lui et qu'il ne l'avait jamais été envers moi.

Il vit mon trouble et le comprit.

— Vous sentez, me dit-il, que vous m'aviez mal jugé. Vous m'avez fait cruellement souffrir, Lucienne; mais jusqu'à un certain point je le méritais; car, si je n'avais pas de torts envers vous, j'en avais beaucoup envers moi-même, et ma vie, légère à bien des égards, méritait une expiation. Vous me l'avez reprochée souvent, cette légèreté, sans la bien comprendre et sans pouvoir la définir. Il faut que je m'en confesse, afin de pouvoir aussi m'en justifier un peu.

« J'ai été élevé d'une façon déplorable. Resté seul, assez frêle de corps, de plusieurs enfants adorés, j'ai été gâté par mes parents à ce point que j'ai cru longtemps que le monde, l'univers, la vie, étaient faits pour moi, pour mon plaisir, pour me porter, me distraire et me combler de biens. J'étais intelligent, je fus sauvé par l'amour du travail et préservé du vice par un peu d'orgueil; mais je restai avide d'émotions et sujet à l'ennui, qui est le grand mal anglais, quand mon existence ne débordait pas d'agitations dans tous les sens. J'ai donc mal vécu en somme, mal compris la vie, mal disposé de mon temps, mal usé de mon cœur. Je me suis toujours fait tromper en amour, et je ne m'en prends ni à l'amour ni aux femmes, mais à ma précipitation, à mon aveuglement, à mes nerfs, que je reconnais avoir été plus puissants que ma raison, et à ce besoin d'inquiétude ou d'ivresse que je ne savais pas, que je ne pouvais peut-être pas vaincre.

« Ma plus sérieuse déception, c'est lady Woodcliffe qui se chargea de me l'infliger. Elle était jeune, belle, étincelante d'esprit, veuve, libre... Elle m'offrit sa main, je crus posséder son cœur. Elle me trahit pour le marquis de Valangis, qui me vengea bien en l'épousant à ma place, car c'était un ambitieux vulgaire, une sorte d'aventurier et en somme un triste personnage. J'ai été heureux, Lucienne, quand j'ai découvert que cet homme ne vous était rien. Quant à lady Woodcliffe, redevenue veuve, elle ne pouvait plus me charmer. Ce n'est pas qu'elle ne fût encore belle et séduisante; mais, si je suis un homme du monde, discret et généreux, je ne suis pas un lâche esprit et un aveugle libertin. Elle voulut me revoir, je reparus dans son salon avec une liberté d'esprit dont elle fut piquée. Cette femme irrésistible ne put endurer mon tranquille pardon. Elle voulut me reprendre: j'avais conquis la fortune et la réputation, et, comme j'acceptais en souriant ses avances, elle s'imagina que, cette fois, elle pouvait daigner accepter mon nom.

« Mais je ne lui offrais ni mon nom, ni mon cœur, ni mes sens. Elle se sentit raillée et dédaignée, elle fit retomber sur vous sa colère, et, au moment où je vous justifiais auprès d'elle, par dépit contre moi bien plus que par aversion contre vous elle essaya de vous briser.

« Je vous aimais alors, Lucienne, notre ennemie l'avait bien deviné; mais je ne vous aimais pas assez, je ne vous aimais pas bien; vous aviez raison de vous méfier de moi et de ne pas me juger digne de vous.

« J'étais sincère pourtant. Je croyais encore une fois aimer pour la première fois. Je vous eusse épousée, je n'ai qu'une parole, et je trouvais une joie romanesque à faire cette bonne action. Il y avait aussi un peu du plaisir de la vengeance : humilier lady Woodcliffe, lui rendre, sans perfidie aucune, la leçon qu'elle m'avait perfidement donnée autrefois, cela n'était pas étranger à mon ambition de vous épouser. Vous le voyez, j'avoue les imperfections de mon amour. Et ce n'est pas tout. J'avais, au milieu de tout cela, de terribles accès de jalousie contre Marius, que vous avez été à la veille d'épouser, et contre Frumence, que j'aimais quand même de tout mon cœur, mais que je sentais plus digne de vous que moi. Cette jalousie, je la lui avouais ingénument; il la raillait, j'en étais honteux, j'en guérissais et j'y retombais. Qui sait si, de rechute en rechute, elle ne fût pas devenue un supplice pour moi, un outrage pour vous? N'importe, je n'hésitais pas; je croyais avoir vaincu les préventions de lady Woodcliffe lorsque je vis qu'elle me trompait et faisait poursuivre à Toulon le jugement contre vous. Je fus alors plus décidé que jamais à vous épouser, si vous vouliez y consentir. Je partis pour l'Angleterre afin de régler mes affaires et de pouvoir vous consacrer ma vie sans retour et sans retard. Je revenais, j'étais à Paris, prêt à repartir pour Sospello, quand je reçus votre billet : vous ne m'aimiez pas, vous en aimiez un autre! Je le crus, et c'est alors que je vous aimai réellement pour cette franchise et ce désintéressement sans bornes, car c'est le pauvre et obscur Frumence que vous préfériez au riche et très-connu Mac-Allan. Jennie ne l'avait jamais aimé, ce bon Frumence, et lui, il n'avait jamais aimé que vous. Pouvait-il en être autrement? Jennie n'avait servi qu'à détourner les soupçons, à cacher une passion sans espoir. Libre d'appartenir enfin à l'élu de votre cœur, vous lui faisiez le sacrifice de toute espérance mondaine; vous acceptiez la misère, l'isolement, l'horrible séjour de ce village abandonné dans la plus triste montagne de l'univers. Vous étiez grande, Lucienne! Et vous ne m'aviez pas trompé, vous n'aviez jamais encouragé mon amour. Je n'avais pas à me plaindre de vous.

J'étais véritablement désespéré, n'ayant pas de colère pour réagir.

« Quand lady Woodcliffe me montra votre lettre de désistement, je vous admirai, je vous estimai, je vous regrettai encore davantage. Je me frappai la poitrine. Mon malheur était mon ouvrage. Je ne vous avais pas assez appréciée, je n'avais pas su vous convaincre. J'aurais dû être moins confiant en moi-même, plus sérieusement jaloux de Frumence, lutter énergiquement contre lui, le supplanter, ce rival discret et résigné qui avait voulu se sacrifier à moi et qui l'emportait malgré lui! J'aurais dû être soupçonneux, égoïste, passionné, me faire aimer enfin; je ne l'avais pas su! J'étais trop vieux, ce n'était pas tant le charme qui m'avait manqué que la flamme.

« Je restais consterné, faisant mille projets insensés : courir après vous, vous enlever, tuer Frumence. J'étais fou; je retombais accablé sous cet arrêt : « Elle l'aime! tout ce que je tenterai me « rendra haïssable; il faut ne jamais la revoir « et rester son ami. »

« J'étais malade, j'étais au lit avec la fièvre, quand John arriva. John avait trouvé les faits trop délicats à écrire; il avait pris la poste, il venait me raconter ce qui s'était passé, s'accuser de mon malheur, m'avouer que, connaissant mon ancienne liaison avec lady Woodcliffe et ne sachant pas si elle était à jamais rompue, il n'avait pas osé jurer mon innocence. Je pardonnai à John, je le renvoyai à Toulon, puis à Sospello, le chargeant d'aller souvent incognito surveiller vos démarches, afin de me rendre compte de tout. J'avais recouvré l'espérance, je la reperdis quand j'appris la maladie de Jennie. Je l'attribuai à un secret amour qui avait trop présumé de ses forces en s'immolant. Je me persuadai que, devinant cela, vous n'épouseriez jamais Frumence, et que précisément vous l'aimeriez toujours.

« Puis je pensai que, si vous perdiez Jennie, ne voulant pas appartenir à l'homme qu'elle avait aimé, vous vous trouveriez seule au monde, dans la misère et le désespoir. Je voulus être votre ami et votre soutien jusqu'au bout, dussé-je vous aimer sans espoir de retour.

« Je me rendis secrètement à Bellombre, me tenant prêt à tout événement. J'appelai Frumence, il vint me voir la nuit, à mi-chemin des Pommets. Je vis qu'il aimait Jennie, elle seule, et que, s'il était aimé de vous, il ne s'en doutait pas plus que par le passé.

« J'étais à Sospello quand j'appris que Jennie était sauvée et qu'elle épousait Frumence. Je me surpris espérant encore. J'allai à Toulon. Frumence vint m'y trouver, il me fit comprendre que vous m'aviez aimé réellement, que vous m'aimiez peut-être encore, mais que, vous croyant fille de M. de Valangis, vous ne surmonteriez jamais votre répugnance contre l'ancien amant de sa femme. Il vous avait vingt fois interrogée, il vous trouvait inébranlable, et, si je ne pouvais pas me justifier, il exigeait que votre résignation et votre repos moral ne fussent plus troublés. Je ne pouvais pas nier le passé. Votre scrupule, exagéré selon moi, était pourtant respectable ; et puis j'étais aimé ! aimé de cette âme exquise, altière, héroïque, indomptable dans les épreuves de la vie, et je me serais soumis à ne pas la posséder ! J'aurais quitté la partie, j'aurais cherché l'oubli, plate ressource que la nature accorde aux faibles, la distraction, puéril refuge des lâches cœurs et des esprits usés ! Non, non, cela m'était impossible. Je m'étais attaché à vos pas par devoir, par respect pour moi-même, par besoin de votre estime ; je sentis que désormais je vous aimais avec une passion véritable, sans méfiance, sans jalousie, sans ombre aucune. Je ne vous avais pas comprise, mes soupçons vous avaient outragée ; je vous devais une réparation immense, celle d'un amour sans bornes et d'un dévouement sans fin. Je jurai que vous seriez à moi ; que fallait-il pour cela? Découvrir le secret de votre naissance : tout était là. Je n'avais jamais cru que vous fussiez la fille de cet absurde faux marquis. Je vous l'avais dit, vous ne lui ressembliez en rien ; mon instinct me trompe rarement. Je partis pour la Bretagne, résolu à retrouver la trace de votre ravisseur. Quelques indications se trouvèrent conformes à celles que Jennie avait eues. Je passai en Amérique. Je fouillai minutieusement toutes les archives mortuaires de Québec. Anseaume avait bien fini là, complétement fou, mais sans rien révéler. Je revins en Angleterre, décidé à regagner la confiance de lady Woodcliffe, afin qu'elle me communiquât les papiers que son mari pouvait avoir laissés, ce à quoi elle n'avait jamais voulu consentir. Quand j'arrivai, lady Woodcliffe venait d'expirer, et son fils remit entre mes mains tous ses papiers de famille.

« Vous savez ce que j'ai enfin découvert. Jennie s'est chargée de vous le dire. Édouard doit l'ignorer à jamais, et pour cela vous devez reprendre le nom que la loi vous confère et accepter la part légale de votre héritage. Soyez tranquille, elle sera très-mince, insignifiante pour les enfants du marquis ; mais, par cet acte de soumission à l'usage, vous ensevelirez à jamais le secret de votre mère. Voici les preuves de tout ce que j'ai dit à Jennie. Quand vous les aurez lues, nous lès brûlerons ensemble.

Je m'étais porté acquéreur de Bellombre avant même de savoir quels seraient les sentiments d'Édouard pour vous. Je ne voulais pas que Marius vînt trôner sur vos ruines. Et à présent, Lucienne, à présent que je n'ai plus rien à expier après trois ans d'efforts pour vous mériter, à présent que vous avez tant grandi dans le malheur et que je me suis tant purifié dans la souffrance, ne sommes-nous pas dignes l'un de l'autre, et, s'il est vrai que vous m'aimiez encore, ne voulez-vous pas me le dire? »

ENVOI.

Mac-Allan, voilà ce que vous m'avez dit, et j'ai résisté à cette terrible épreuve! J'ai refusé de vous répondre. J'ai béni votre amitié, votre secours immense, votre bonté sans égale; mais, si je vous ai aimé, — ce que je ne puis nier, — dois-je dire que je vous aime encore? Non, je ne le puis ni ne le dois, car je ne sais pas si mon âme est assez vierge de toute autre affection pour accepter votre confiance illimitée dans le passé. Le vôtre est rempli de passions dont je n'ai pas le droit d'être jalouse. Je le suis pourtant malgré moi, et, en découvrant en moi ce besoin de souffrir, ce besoin de posséder votre cœur sans qu'il se souvienne de ce qui n'est pas moi, je me demande avec effroi si vous n'éprouverez pas la même souffrance quand vous aurez lu dans le mien. Ai-je aimé Frumence? Je n'en sais rien. Je peux répondre de n'avoir pas aimé Marius; mais l'autre? Je ne l'aime pas, je ne le regrette pas. Je suis heureuse de son amitié, de son bonheur. Je me rappelle à peine et je peux à peine définir la nature des agitations que j'ai éprouvées : elles me semblent inouïes, inexplicables, insensées, ridicules, ressenties par une personne qui n'existe plus, qui n'a jamais été moi : mais je vous connaissais, Mac-Allan, et je vous aimais déjà quand je vous comparais l'un à l'autre et quand l'idée du mariage de Jennie était à la fois mon désir bien arrêté et mon tourment involontaire. Est-ce de l'amitié de Jennie que j'étais jalouse? Mes sens ont-ils parlé à mon insu, ou mon imagination, ou mon cœur? Enfin suis-je l'être idéal dont la pureté vous enivre? Je n'ose dire oui, et pourtant il y a eu en moi tant de bon vouloir, tant de scrupules, tant d'aspirations vers le bien, tant de pudeurs craintives, tant de conscience effarouchée, tant de dureté envers moi, tant de luttes et tant de fiertés jalouses d'elles-mêmes, que, si je disais : « Non, je ne suis pas digne de vous, » je me rabaisserais plus que je ne le mérite. Je vous ai demandé le temps de la réflexion, le temps de résumer ma vie presque jour par jour, mot pour mot, heure par heure. J'ai tout recherché, tout retrouvé, tout analysé, tout écrit: lisez ! — Si vous sentez que vous devez éternellement souffrir de ma confession, que la pitié ne vous retienne pas ! Je suis forte, je l'ai prouvé. Je ne suis pas malheureuse, je ne le serai jamais, car j'ai conquis l'estime de moi-même et la foi dans mon courage. Soyez donc libre et ne craignez pas ma souffrance, car vous me garderez votre amitié, et je sais, en signant ce manuscrit, que je la mérite devant Dieu et devant les hommes.

LUCIENNE.

Aux Pommets, 1er mars 1828.

RÉPONSE.

Bellombre, 2 mars 1828.

Oui, j'ai bien souffert en lisant, et je souffrirai peut-être encore en me souvenant. Qu'importe! Le bonheur, c'est le ciel immense avec ses splendeurs et ses orages, et votre âme, c'est le soleil avec ses taches ; mais c'est le soleil ! Et moi, que suis-je? Rien qu'un pauvre oiseau battu par les tempêtes et ranimé par un rayon de vous. Lucienne, vous n'avez aimé que moi, voilà qui est dit, voilà ce qu'il faut toujours me dire à présent, et je le croirai, parce que je vous adore.

Je vais vous chercher ce soir, et je retournerai prendre votre place aux Pommets jusqu'au jour de notre mariage. Frumence achèvera de me guérir l'esprit, lui qui ne sait et ne saura jamais rien. Douleur et transports! mon Dieu! mon Dieu! que je suis heureux! Lucienne, nous voyagerons, n'est-ce pas? Vous avez toujours rêvé les voyages, et, moi, je les ai toujours aimés. Vous vouliez voir Paris, et Londres, et l'Écosse, et l'Italie, et la Grèce, et la Suisse; nous verrons tout cela ensemble. Frumence et Jennie habiteront Bellombre avec le bon curé. Nous reviendrons quand vous voudrez... — Pourtant... laissez-moi passer quelques années seul avec vous. Je suis jaloux aussi de Jennie, de Jennie plus que de tout autre. Elle a plus de droits que moi. Laissez-moi en acquérir, laissez-moi me faire aimer si bien, que je ne craigne plus personne. Oui, cela viendra, je le jure; je vous aimerai tant, et vous avez tant de justice! — Lucienne, ne me dites pas que je souffre, et, si je souffre, n'en soyez pas effrayée. Cette épine m'empêchera de m'endormir dans les délices de mon bonheur. Elle me rappellera que je dois travailler sans cesse à le mériter, et que, pour être mari d'une femme comme vous, il faut être un homme accompli à toutes les heures de la vie. Pourquoi non? C'est le prix de la lutte qui enflamme la volonté et décuple l'énergie morale. Je suis dans la force de mon âge intellectuel, et, mûri par une trop précoce expérience, je n'ai peut-être jamais été jeune. Voici le moment de retremper ce cœur inquiet, toujours avide et jamais rassasié. Voici le moment de faire fleurir ma vie comme ces arbres dont la séve a dormi au printemps et s'éveille aux derniers jours de l'été. Les dernières roses de l'année, me disiez-vous une fois, je m'en souviens, sont les plus belles et les plus parfumées. Eh bien, mon amour portera ces roses et répandra ses parfums. Ma vie de travail, de talent, de succès, toutes mes vaines agitations, toute ma vaine gloire s'effacent devant la vie du cœur qui m'appelle. C'est pour vous seule, Lucienne, que je veux désormais exister, et le mariage, au lieu de m'apparaître comme la fin de mon activité, se révèle à moi comme le commencement de ma destinée véritable. O bonheur! rêve de la jeunesse!... non, tu n'es pas un rêve! L'homme mûr qui te porte encore immense dans son sein a le pouvoir immense de te posséder!

Allons, allons! me voilà tranquille! — Tranquille? Non, je suis ivre, mais ivre de foi, de force et de lumière! Insensé, tu te croyais jaloux du passé? Tu dormais; éveille-toi, efface ce songe, et que ce passé soit mort pour toi comme pour *elle!* Il s'agit bien de combattre un fantôme! Il s'agit d'être l'aube sereine et l'aurore embrasée qui dissipe toutes les ombres!

MAC-ALLAN.

FIN.

Imprimerie de L. TOINON et Cie, à Saint-Germain.

www.ingramcontent.com/pod-product-compliance
Lightning Source LLC
LaVergne TN
LVHW020618110826
845149LV00002B/522